了不起的
中国铁路

中国铁道博物馆 著　三目幸 绘

机械工业出版社
CHINA MACHINE PRESS

馆长的话

亲爱的小读者们：

当你们捧起这本《了不起的中国铁路》，我满怀欣喜与期待，祝贺你们即将打开一扇了解中国铁路历史与科技魅力的知识之窗。

在这片古老而又年轻的土地上，铁路不仅仅是一条条钢铁巨龙，更是中华民族不屈不挠、勇于探索的象征，是中国革命奋斗历程中不可或缺的有力见证。从最初的艰难起步，到如今的领跑全球，中国铁路的每一步跨越，都凝聚着无数铁路人的智慧与汗水，书写着一段段可歌可泣的传奇。从蒸汽机车到复兴号动车组，今天的中国，铁路密布，列车飞驰，一张世界上最现代化的铁路网和最发达的高铁网快速延展，我们为祖国铁路事业的蓬勃发展而由衷骄傲！

为了让青少年读者们更全面地了解中国铁路日新月异的发展成就，中国铁道博物馆联合机械工业出版社打造了《了不起的中国铁路》科普图书。

翻开这本书，你将看到，一代代中国铁路人克服重重困难，创造出举世瞩目的工程奇迹。

翻开这本书，你将看到，那激情燃烧的岁月里，一台台屡立功勋的机车、一座座历经沧桑的车站背后的故事。

翻开这本书，你既能看到复兴号动车组刷新速度极限的辉煌，又能看到守护着乡亲们的公益"慢火车"开出的幸福故事。

每一项成就都是对"中国智慧"和"中国速度"的最佳诠释。这些了不起的伟大工程，不仅是中国人民劳动与智慧的结晶，更是全人类共同的宝贵财富。

更令人骄傲的是，新时代的铁路建设者们已走出国门，一条条通往繁荣与发展未来的"钢铁丝绸之路"不断铺就。这不仅拉近了国与国之间的距离，更加深了各国人民之间的友谊，承载了和平与发展的美好期望。希望通过了解走出国门的中国铁路，能让你们形成全球视野，站在更高的起点上展望未来。

亲爱的小读者们，铁路的发展是祖国科技腾飞的精彩篇章，而享受阅读、善于思考正是你们开启科学奥秘之门的钥匙。愿你们能被铁路发展背后那些感人至深的故事所激励、所打动，燃起学科学、爱科学、讲科学的热情，用对科学的熊熊热情，坚定强国报国的伟大志向，在探索科学的道路上勇往直前，用实际行动践行"强国梦""铁路梦"，为实现中华民族伟大复兴的中国梦贡献自己的力量！

愿你们早日成长为担当民族复兴大任的时代栋梁！

中国铁道博物馆

推荐序

在广袤无垠的中华大地上，有一条条"巨龙"穿梭于山川湖海之间，它们不仅是连接城市的血脉，更是中国智慧与力量的结晶，这就是中国铁路。

翻开这本书，仿佛穿越时空隧道，见证着中国铁路的不断发展。从京张铁路的"人"字形线路，到青藏铁路穿越世界屋脊的壮举，再到动车组列车如银色闪电般飞驰在华夏大地上，每一个故事都讲述着中国铁路从无到有、从弱到强的壮丽史诗。

在这本书中，不仅有精美的插画展现铁路建设的壮丽景象，更有深入浅出的科普知识，让孩子们了解"中国速度"背后，在铁路桥梁建设、隧道挖掘、列车制造等重要铁路工程的各个方面；同时也让孩子们了解一代代铁路人的辛勤付出，了解由他们凝结出"人民铁路为人民"伟大铁路精神背后的故事。

《了不起的中国铁路》不仅是一本知识丰富的科普读物，更是一本激发孩子们爱国情感和探索精神的佳作。中国高铁成为领跑世界的一张靓丽名片，科技创新引领中国高铁高质量发展。孩子们可在阅读中感受中国铁路的辉煌，为祖国的强大而自豪！

快来一起开启这场铁路之旅吧！

北京交通大学 教授 王永凤

目录

馆长的话
推荐序

第一章 铁路工程创新

高原铁路
青藏铁路 · · · · · · · · · · · · · · 4
拉林铁路 · · · · · · · · · · · · · · 6

跨越秦岭的铁路
宝成铁路 · · · · · · · · · · · · · · 8

荒漠铁路
格库铁路 · · · · · · · · · · · · · · 10
和若铁路 · · · · · · · · · · · · · · 12

高寒铁路
哈大高速铁路 · · · · · · · · · · · · 14
哈佳快速铁路 · · · · · · · · · · · · 15

沿海铁路
海南环岛高速铁路 · · · · · · · · · · 16
甬广高速铁路 · · · · · · · · · · · · 17

第二章 铁路发展变迁

铁路线路发展沿革
京张铁路 · · · · · · · · · · · · · · 18
浙赣铁路 · · · · · · · · · · · · · · 20
成渝铁路 · · · · · · · · · · · · · · 21
大秦铁路 · · · · · · · · · · · · · · 22
京沪高速铁路 · · · · · · · · · · · · 23
京广高速铁路 · · · · · · · · · · · · 24
京张高速铁路 · · · · · · · · · · · · 25

老火车站述说铁路历史
正阳门东车站 · · · · · · · · · · · · 26
浦口火车站 · · · · · · · · · · · · · 27
沈阳站 · · · · · · · · · · · · · · · 28
大连站 · · · · · · · · · · · · · · · 29
北京站 · · · · · · · · · · · · · · · 30
大智门火车站 · · · · · · · · · · · · 31

第三章 列车前行的印记

"火车头"述说铁路故事
"国庆号"蒸汽机车 · · · · · · · · · · 32
前进型0001号蒸汽机车 · · · · · · · · 34
东风4型0001号内燃机车 · · · · · · · 36
东方红1型4290号内燃机车 · · · · · · 38
东方红5型0001号内燃机车 · · · · · · 38
北京型3003号内燃机车 · · · · · · · · 39
韶山1型008号电力机车 · · · · · · · · 40
"和谐"系列电力机车 · · · · · · · · · 42
复兴号动车组家族 · · · · · · · · · · 44

"慢火车"上的幸福故事
铁路连城乡，百姓奔小康——7503/7504次"慢火车" · · · 46
"幸福乡村号"——8361/8362次"慢火车" · · · · · · · · · 46
奔向小康生活的幸福车——5633/5634次"慢火车" · · · 47
"惠民村火车"——5639/5640次"慢火车" · · · · · · · · · 47

铁路线路述说铁路精神
青藏铁路精神 · · · · · · · · · · · · 48
大秦铁路精神 · · · · · · · · · · · · 49
成昆铁路精神 · · · · · · · · · · · · 50
福生庄精神 · · · · · · · · · · · · · 50
小东精神 · · · · · · · · · · · · · · 51

第四章 坐着火车看世界

走向世界的中国铁路
中欧班列 · · · · · · · · · · · · · · 52
中老铁路 · · · · · · · · · · · · · · 54
雅万高速铁路 · · · · · · · · · · · · 55
亚吉铁路 · · · · · · · · · · · · · · 56
匈塞铁路 · · · · · · · · · · · · · · 57

联通世界的中国口岸
满洲里口岸 · · · · · · · · · · · · · 58
绥芬河口岸 · · · · · · · · · · · · · 58
阿拉山口口岸 · · · · · · · · · · · · 59
霍尔果斯口岸 · · · · · · · · · · · · 59
磨憨口岸 · · · · · · · · · · · · · · 59

坐着列车去旅行
中老铁路 · · · · · · · · · · · · · · 60
雅万高速铁路 · · · · · · · · · · · · 62
匈塞铁路 · · · · · · · · · · · · · · 63

第一章 铁路工程创新

高原铁路

高原铁路的特点包括铺设地形复杂、气候环境恶劣等，在这些铁路建设的过程中，需要克服重重困难。

青藏铁路

铁路档案

青藏铁路建设分两段完成

建设开工时间：第一段 1958 年 9 月　　第二段 2001 年 6 月

开通运营时间：第一段 1984 年 5 月　　第二段 2006 年 7 月

全　　　　长：全长 1956 千米　　第一段 814 千米　　第二段 1142 千米

位　　　　置：第一段从青海省西宁市到格尔木市
　　　　　　　第二段从青海省格尔木市到西藏自治区拉萨市

新中国成立之前，西藏地区交通不便。为了改善西藏人民的生活水平，更好地建设青藏高原，20 世纪 50 年代，党中央决定：要把铁路修到拉萨去。

三大难题

青藏高原被誉为"世界屋脊"，存在高寒缺氧、多年冻土、生态脆弱这三大世界性工程技术难题。

如何解决"高寒缺氧"的难题？

青藏高原平均海拔四千米以上，氧气稀薄对建设者提出很大的挑战。

NJ2 型内燃机车采用电子控制燃油喷射系统和交流传动系统，在空气稀薄的高原铁路环境和恶劣的气候条件下仍可具有较高可靠性和牵引性能。

为解决空气稀薄的难题，客运列车采用密封式车厢和弥散式供氧方式，通过将氧气从空调中输出，在车厢连接处、座椅下方提供独立供氧装置来解决旅客的不同需求。

如何解决"多年冻土"的难题？

在高原地区，昼夜温差极大。冻土硬度随温度变化，对铁路路基搭建有严重影响，列车通行存在较大隐患。为解决多年冻土问题，专家采用片石通风路基、热棒等技术有效地解决了这个麻烦。

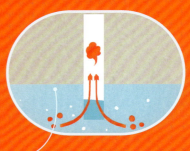

热棒

通过内部填充的液态氨、氟利昂、二氧化碳等物质，只需要依靠液体的汽化和液化过程就可以进行散热工作，使冻土的温度保持相对恒定，不会因外界温度的改变而发生冻融。

片石通风路基

利用片石间的空隙起到隔热和散热的作用，是冻土区防止路基开裂和变形的重要手段。

如何解决"生态脆弱"的难题？

青藏高原生态环境原始、独特而脆弱，一旦遭受破坏很难得到修复。为了克服这一难题，青藏铁路采取"能避绕就避绕"的施工原则，尽量避免破坏植被。

为了保护野生动物，青藏铁路专门设置了野生动物迁徙通道，例如修建在青海可可西里国家级自然保护区核心地带的清水河特大桥，就留了多个供藏羚羊等野生动物迁徙的通道，因而被形象地称作"绿色环保桥"。

小贴士

清水河特大桥，全长 11.7 千米，是青藏铁路线上最长的"以桥代路"工程。

"以桥代路"是指修建超长距离的桥梁作为陆地交通线的铺设平台，从而代替直接在地面铺路的传统筑路模式。

青藏铁路"以桥代路"既能解决高原冻土等地质问题以及山地地形问题，又能减少铁路建设对环境的改变，保护野生动物的迁徙路线不被截断，可谓是一举多得。

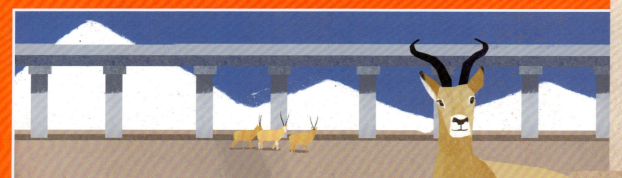

拉萨河特大桥

拉萨河特大桥通体白色的设计加上三跨连续的拱圈,在蓝天白云与雪域高原间蜿蜒伸展,犹如一条绵长的白色哈达飘飞于拉萨河谷,不仅是对自然之美的致敬,也象征着藏族人民对远方来客的热烈欢迎与纯洁无瑕的友谊。这座大桥的建成,克服了极端自然环境的挑战,展现了人类工程技术的伟大成就,让每一位经过的旅人都能深刻感受到西藏的神秘、壮丽与和谐。

代表工程

青藏铁路是世界上海拔最高、线路最长的高原铁路,还是世界上穿越冻土里程最长的高原铁路,铁路穿越多年连续冻土里程达 550 千米。不仅如此,世界上海拔最高的铁路车站——唐古拉站,世界上海拔最高的冻土隧道——风火山隧道,世界上最长的高原冻土隧道——昆仑山隧道,都是青藏铁路建设的杰出工程。

2009 年 1 月,"青藏铁路工程"被授予 2008 年度国家科学技术进步奖特等奖。

繁荣之路

青藏铁路是开往西藏腹地的第一条铁路,对增强我国各民族团结进步和共同繁荣,推进青海与西藏发展发挥了重要作用。

经过数十载的努力,一代代青藏铁路建设者们前赴后继,谱写了人类铁路建设史上的光辉篇章,铸就了"挑战极限、勇创一流"的青藏铁路精神。

拉林铁路

铁路档案

建设开工时间：2014 年 12 月
开通运营时间：2021 年 6 月
全　　　长：435.48 千米
位　　　置：西起西藏自治区拉萨市沿拉萨河而下跨越雅鲁藏布江到林芝市

小贴士

青藏高原是世界海拔最高、中国最大的高原，素有"世界屋脊"之称。青藏高原以高原气候为主，冬寒夏凉，年温差小，日温差大。由于海拔高，空气稀薄，日照充足，太阳辐射强烈，这里具有丰富的太阳能资源。雅鲁藏布江、长江、黄河、澜沧江等河流均发源于此，青藏高原因而被称为"中华水塔"。

地势特点

拉林铁路位于青藏高原东南部，这里是我国地壳运动最强烈的地区之一。线路需要穿过雅鲁藏布江地带。雅鲁藏布江河谷有着频繁的冰川泥石流灾害，还有一条深断裂带沿雅鲁藏布江展开，几乎贯穿整个青藏高原内部。

从前，青藏高原东南地区没有铁路，对外交流主要通过公路为主，航空为辅。公路交通受气候影响大，容易封山断道，而航空运输能力又较弱，所以需要修建一条快速便捷、受环境因素影响相对较小、运输能力又强的铁路通道。

拉林铁路的建设难题

桥梁隧道占比高

拉林铁路沿途地形落差极大，全线相对海拔高差达到 2500 米。拉林铁路全线共有 47 条隧道、121 座桥梁，所有桥隧工程占比达到了 74.6%。

海拔较高，施工人员容易缺氧

拉林铁路大部分路段位于海拔 3000 米以上的高原山地，施工人员容易缺氧，给施工带来严峻的考验。

拉林铁路16次跨越雅鲁藏布江，穿越高烈度地震带和断裂带，修建藏木雅鲁藏布江特大桥可谓是难上加难。
峡谷大风和泥石流、滑坡等地质灾害，以及狭小的施工场地、较差的运输条件等难题都对工程建设者提出了巨大的挑战。

代表工程

藏木雅鲁藏布江特大桥

藏木雅鲁藏布江特大桥屹立于桑加大峡谷藏木水电站上游库区，大桥横跨水深达66米的雅鲁藏布江，全长525.1米，是拉林铁路全线施工工期最长、施工难度最大、科技含量最高的控制性工程。

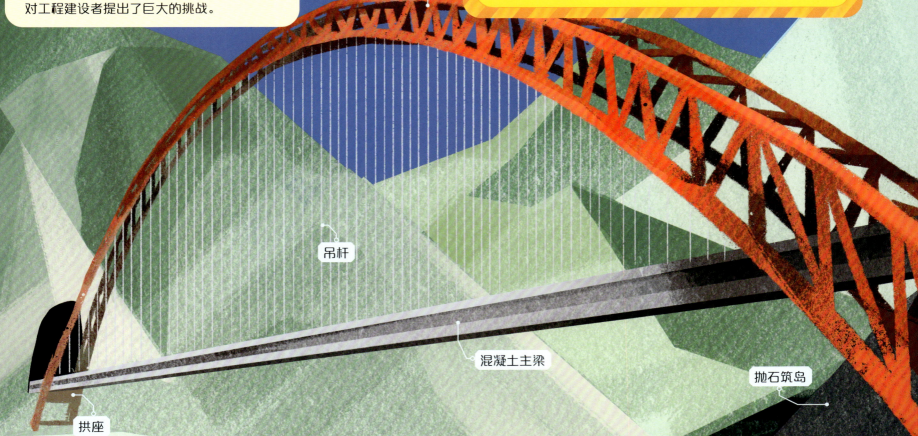

钢管主拱肋 / 吊杆 / 混凝土主梁 / 抛石筑岛 / 拱座

防护围栏
山体防护栈道施工为在河谷深水区陡峭边坡上施工提供安全保障。

下河吊机
通过研制大吨位保温式抗风吊索挂篮，实现了高原峡谷强风、大温差环境下拱桥混凝土主梁的顺利施工。

混凝土实桥试顶试验
高原地区大直径钢管混凝土顶升技术，实现了管内混凝土一次顶升灌注。

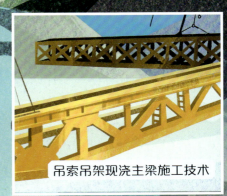
吊索吊架现浇主梁施工技术
研制大型钢构件下河吊机，解决了高海拔地区大跨度钢管拱肋施工难题。

桥梁界的"诺贝尔奖"

2021年6月，藏木雅鲁藏布江特大桥正式投入使用，它是世界铁路跨径最大、海拔和抗地震烈度最高的钢管混凝土拱桥，也是我国铁路首座免涂装耐候钢大桥，这意味大桥在100年内无须进行油漆防腐涂装！
凭借着多个世界第一的强大实力，2022年，藏木雅鲁藏布江特大桥荣获世界桥梁界具有巨大影响力的西奥多·库珀奖，该奖被誉为桥梁界的"诺贝尔奖"。

高原上的复兴号

在拉林铁路上运行的复兴号高原内电双源动车组列车，首次采用内燃动力车、电力动力车两端分置的创新组合模式，具备在高原、低压、低温环境下运用的条件。随着拉林铁路的开通，复兴号历史性地实现了对我国31个省区市全覆盖。

世界级的景观长廊

拉林铁路的建成，充分发挥了铁路全天候运输、运输能力大的优点，成为西藏东南地区对外交流的重要交通设施。拉林铁路结束了西藏东南地区不通铁路的历史，又构建了一条从拉萨到林芝的世界级景观长廊。

2022年11月，拉林铁路入选"2022中国新时代100大建筑"名单。
2024年1月，拉林铁路入选第二十届第二批中国土木工程詹天佑奖名单。

跨越秦岭的铁路

秦岭被誉为华夏文明的"龙脉",其地势险峻、山峰交错、沟壑纵横,铁路建设者们通过开动"智慧大脑",攻克了这些难题。

宝成铁路

铁路档案

建设开工时间:1952年7月

开通运营时间:1958年1月

全　　　长:668千米

位　　　置:北起陕西省宝鸡市向南穿过秦岭到达四川省成都市

地势特点

宝成铁路坡度大、弯道多且几乎全部处于山区。

宝成铁路自宝鸡站向南,跨过渭河,经观音山展线,通过秦岭隧道,后沿嘉陵江而下,经过甘肃省后穿过大巴山脉,到广元站后继续向西南延伸,最后到达成都站。

蜀道艰难

李白有诗云:"蜀道之难,难于上青天!"指的就是古时从四川盆地通往外界的道路十分艰难。宝成铁路的成功修建为连通西南地区的交通网络增添了一条要道,使李白的这句千年喟叹终于成为历史。

小贴士

秦岭—淮河线是区分中国南北地区的分界线。以这条分界线为界,南北地区在气温、降水量、河流水文、地形、植被、粮食作物等方面均存在差异。

修建难点

宝成铁路坡度大、隧道多。在穿越秦岭时，杨家湾站距离秦岭隧道的直线距离仅有6000米，但海拔变化却有680米。宝鸡站至江油站段几乎全部处于山区。由宝鸡站出发后需跨越秦岭、大巴山和剑门山，地势险要，需要打穿上百座大山，填平数以百计的深谷，工程相当艰巨。

为了使列车能够顺利通行，工程设计人员只能将铁路线反复迂回盘旋，在6千米的直线距离内盘绕了27千米。列车经过杨家湾站后，以3个马蹄形和1个"8"字形的迂回线上升，线路层叠3层，高度相差817米。在观音山站可以看到3层铁路层叠的壮观场面，因而得名"观音山展线"。

什么是展线？

展线是一种在山岭地区因地面坡度或特殊地形限制，适当延伸道路线路长度，沿山坡逐渐盘绕而上的展长线路。早期修建铁路时，由于桥梁、隧道建造技术的限制，当面对山区地形时，为了减缓铁路坡度，便延长线路长度，"展线"一词由此得名。

宝成铁路工程之复杂，修建之艰苦，数十万铁路前辈坚守一线，舍身忘我，才有了一条出川北上的"铁路蜀道"。

中国第一条电气化铁路

为提高运输效率，1975年，宝成铁路全线完成电气化改造。这条电气化铁路是中国铁路电气化建设的奠基之作，是中国铁路由传统动力牵引向现代化动力牵引转型发展的重要标志，具有里程碑意义。

观音山 GUAN YIN SHAN
青石崖 ← → 杨家湾

地图标注：杨家湾站、"8"字形、观音山站、青石崖站、马蹄形、秦岭隧道、秦岭站

代表工程

清江二号桥

清江二号桥全长403.2米，高度约60米，是宝成铁路在四川境内最高的铁路桥梁。

荒漠铁路

在我国西北地区，气候干旱，风沙危害严重，生态环境脆弱，修建铁路面临着重重挑战。

铁路档案

建设开工时间：2014年12月
开通运营时间：2020年12月
全　　　长：1206千米
位　　　置：由青海省格尔木市至新疆维吾尔自治区库尔勒市

格库铁路

格库铁路，是连接青海省格尔木市和新疆维吾尔自治区库尔勒市的电气化铁路，是中国西北路网骨架的重要组成部分，被誉为"大漠新丝路"。

被誉为"西部天梯"的铁路

格库铁路沿昆仑山北麓、柴达木盆地的南缘一路西行，向西穿越阿尔金山脉，抵达塔里木盆地的库尔勒市。格库铁路途径绿洲、沙漠、戈壁、高原、山脉等不同地形地貌。最高海拔差达到2500米，相当于800层高楼的高度！

格库铁路沿线地区资源都有什么呢？

丰富的农业资源

新疆大面积种植粮食、蔬菜、水果等作物。新疆的棉花产量约占全国的90%，加工番茄产量约占全国的80%，每年都会有大量的农产品及其加工产品产出。

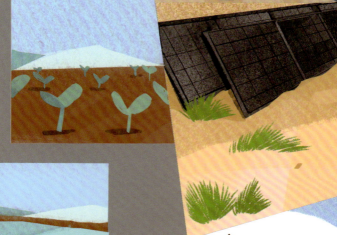

多晶硅产量巨大

多晶硅作为一种重要的半导体材料，在新能源领域发挥着关键作用。
新疆的多晶硅产量巨大，为全国光伏、汽车、电气、航天、电子等多个领域提供了关键的原材料支持。

矿产资源丰富

察尔汗盐湖位于青海省格尔木市，是世界上最著名的内陆盐湖之一。这里还出产闻名于世的光卤石，它晶莹剔透，伴生着镁、锂、硼、碘等多种矿产。

重要的运输大通道

格库铁路是一条连接新疆、青海两地的铁路大干线，也是中国通往中亚、西亚、欧洲的陆路运输大通道的重要组成部分。

代表工程

台特玛湖特大桥

台特玛湖特大桥，全长24.558千米，2018年8月贯通，是格库铁路最长大桥，也是新疆最长的铁路桥，被誉为格库铁路的"咽喉"。

台特玛湖特大桥建设时需要跨越塔里木河和台特玛湖，面临沙漠、沼泽、湿地等复杂环境，施工难度极大。

台特玛湖特大桥路段没有采用传统地面铁路铺装方式，而是采用"以桥代路"方式进行建设。

按照最初的设计，台特玛湖特大桥只有7000米，但为了保障塔里木河的生态稳定和输水便利，预防泥沙堆积形成沙化区，便将之延长到现在的24.558千米。

采用"以桥代路"方式的原因

1. 防止线路被沙土掩埋。
2. 防止路基阻挡风沙，避免风沙在台特玛湖区堆积。
3. 减少对生态环境的破坏。
4. 为野生动物活动留出通道。

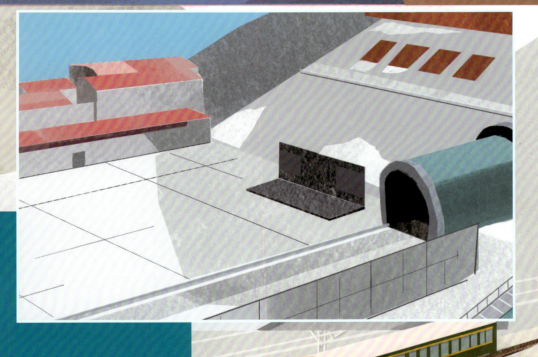

阿尔金山隧道

阿尔金山隧道是格库铁路全线最长的隧道，全长13.195千米，是全线重点控制性工程。工程技术人员攻克了穿越11条断层带的复杂地质条件、高原高寒环境下隧道防寒保温等难题，克服了缺氧、缺水、低温、风沙大的恶劣施工条件，历时3年半卓越地完成了贯通作业。

小贴士

格库铁路穿过阿尔金山国家级自然保护区，这里是中国最大的高山野生动物保护区，被誉为"天然动物园"，其保护对象是以藏羚羊、野牦牛和藏野驴为代表的高原有蹄类野生动物为主的高原荒漠生态系统，保护区内还分布着大量雪豹、棕熊、金雕等珍稀野生动物。

贯通运营的意义

格库铁路的开通完善了我国西部地区，尤其是青、新两省区的铁路网，使两地之间的通车时间大幅缩短，对于促进沿线地区资源开发和经贸往来，推动青、新两省区的经济发展，加强民族团结和巩固国防建设，推进丝绸之路经济带建设都具有重要意义。

和若铁路

铁路档案

建设开工时间：2018 年 12 月

开通运营时间：2022 年 6 月

全　　　长：825 千米

位　　　置：西起新疆维吾尔自治区的和田市
　　　　　　东至若羌县

地貌特点

和若铁路地处世界第二大流动性沙漠——塔克拉玛干沙漠南缘，有 534 千米分布在风沙区域，约占线路总长的 65%，是一条典型的沙漠铁路。

和若铁路的建设难题

浩瀚沙海，风沙肆虐，在沙漠中修建铁路，难度可想而知。为了确保列车能安全穿越茫茫沙海，铁路建设者们在防风固沙上下足了功夫，采用"阻沙障 + 草方格"的防沙模式，在铁路两侧由外向内依次设置芦苇沙障、芦苇方格，再种上灌木、乔木组成植被条带，从而形成挡沙、固沙立体式防沙屏障。

小贴士

和若铁路地处塔克拉玛干沙漠南缘，塔克拉玛干沙漠位于新疆南部的塔里木盆地之中。塔里木盆地是我国面积最大的盆地，四周高山环抱，气候极端干旱，戈壁、沙漠广布，蕴藏着丰富的油气资源。

在阻沙障与草方格之间，种植了易于在沙漠生长的梭梭、柽柳、沙棘等灌木和乔木。

梭梭

柽柳

草方格

"草方格"，全名为"半隐蔽式草方格沙障"，将麦草、稻草等材料对折插入沙地，形成 1 米 ×1 米的方格形状，再继续铺设，形成成片的网格结构。

草方格就地取材、操作简便、费用低廉，是一种既省时、省力、省钱又行之有效的防风固沙手段。

智能化防沙绿化灌溉

为了解决沿线防护林带灌溉问题，技术人员采用了智能灌溉控制系统，这在我国铁路建设中尚属首次！实现了"建一条铁路，造一座绿洲"的目标。

和若铁路修建的意义

和若铁路建成通车，结束了新疆洛浦、策勒、于田、民丰和且末等地不通火车的历史，进一步完善新疆铁路网结构，加快西部边疆铁路网建设，极大便利沿线各族人民群众出行和货物运输，对维护民族团结、巩固边疆边防、助力乡村振兴，具有十分重要的意义。

为了防止铁路被风沙掩埋,施工采取"以桥代路"的方式,让火车桥上走,沙在桥下过。和若铁路全线共建设了5座"过沙桥",长度达40余千米,大幅降低了风沙对线路的侵害。

架桥机

大桥

依木拉克特大桥施工场景

代表工程

依木拉克特大桥

依木拉克特大桥是和若铁路最长的"过沙桥",全长8.6千米,是一座全沙漠地形施工桥梁。大桥所经地段属于流动性和半固定沙漠地貌,在大风的作用下,全年有三分之一的时间都是沙尘天。

南疆铁路
全长约1446千米,1999年全线通车。

格库铁路
全长1206千米,2020年全线通车。

和若铁路、格库铁路(若羌至库尔勒段)、南疆铁路(库尔勒至喀什段)、喀和铁路共同构成塔克拉玛干沙漠铁路环线,这也是世界首条沙漠铁路环线。

阿图什 喀什 阿克苏 库尔勒 瓦石峡 若羌 且末 金山 南屯 民丰 于田 玉泉镇 策勒 洛浦 和田

喀和铁路
全长488千米,2010年底全线通车。

"铁路传承"瓦石峡站

瓦石峡站采用百年京张铁路元素,体现了铁路文化的历史传承。

"绿洲卫士"且末站

且末站展现了且末人民防沙治沙不屈不挠的奋斗精神。

"戍守边关"金山站

金山站以戍守边关为主题,展现了兵团人屯垦戍边的光荣使命。

"丝绸故乡"洛浦站

洛浦站以"艾德莱斯绸"发源地为灵感,站房展现了丝绸轻盈、色彩绚丽的特点。

"丝路古城"策勒站

策勒站站房四周采用了塔亭造型,体现了丝绸之路上的汉唐文化底蕴。

"百年大业"玉泉镇站

玉泉镇站象征着和若铁路传承红色文化。

"丝绸古国"于田站

于田站采用汉代图案,让旅客感受"丝绸古国"的风采。

"东方五星"民丰站

民丰出土了著名文物"五星出东方利中国"汉代织锦护臂,车站造型以此为主题,寓意中华文明繁荣昌盛。

"屯南戍边"南屯站
南屯站体现了鲜明的兵团文化。

高寒铁路

在我国的东北地区，修建铁路需要克服常年低温、地基沉降、纬度偏高等棘手问题。我国的铁路建设者们凭借着顽强的毅力和先进的技术，克服了这些难题。

哈大高速铁路

哈大高速铁路是世界上第一条在高寒地区修建的高速铁路，是我国在高寒地区最繁忙、运行里程最长、客流量最大的高速铁路。部分路段是我国"八纵八横"高速铁路网中京哈 - 京港澳通道的一部分。哈大高速铁路的建成极大缩减了我国东北三省主要城市间的时空距离，为东北地区振兴提供了便利条件。

铁路档案

建设开工时间：2007 年 8 月
开通运营时间：2012 年 12 月
全　　　长：921 千米
位　　　置：连接黑龙江省哈尔滨市和辽宁省大连市

小贴士

哈大高速铁路跨越东北三省。东北三省包括黑龙江省、吉林省和辽宁省。东北三省大部分地区冬季漫长且寒冷，夏季短而温暖。

冻胀的问题

在我国寒冷地区的路基施工中，冻胀是普遍存在的问题。冻胀容易导致路面发生错缝和开裂，对铁路运输存在不利影响。

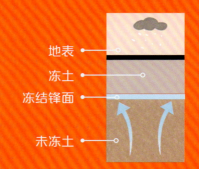
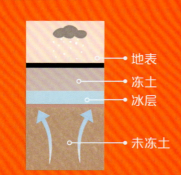

路基土中含水，水凝结成冰后体积会膨胀，而冰融化后体积又会收缩，就容易造成路基下沉、裂缝、翻浆冒泥等情况，严重影响道路的稳定性和使用寿命。

克服冻胀的方法

哈大高速铁路的地面建设采取给路基使用可防冻的填筑材料、铺设保温板等方式，提高路基的防冻能力，这相当于为路基盖了一层"被子"。不仅如此，施工人员还做好了路基表面防水和底部排水工作，避免由于受水的影响发生冻融。通过这些措施成功抵御了冻胀对铁路建设造成的危害。

抗寒雪的动车组列车

哈大高速铁路主要运营具备高抗寒雪、抗风沙以及抗雷电等特性的高速动车组列车，对动车组列车使用的材料、电子元件等系统部件进行了耐低温设计，使列车在零下 40 摄氏度的极寒环境也能奔跑自如。

哈佳快速铁路

铁路档案

建设开工时间：2014 年 7 月

开通运营时间：2018 年 9 月

全　　　长：343 千米

位　　　置：西起黑龙江省哈尔滨市
　　　　　　东至黑龙江省佳木斯市

冻融的问题

哈佳快速铁路运行地区的冬季最低气温接近零下 40 摄氏度，年有效施工时间不足 8 个月，其冻融地质难度不亚于我国首条高原铁路——青藏铁路。

冻融指在寒冷气候条件下，土壤或岩层中冻结的冰在温度上升时融化、温度下降时冻结，导致土体遭到破坏。

水分渗透进岩石裂缝 → 季节交替或者昼夜温度变化时，水冻结成冰，体积增大，裂缝加深 → 重复的冻融循环，使岩石被破坏

接触网结冰的问题

在高寒地区修建铁路需要面对接触网结冰的考验。接触网结冰对列车运行和行车安全有着重要影响，轻则造成变电所断路器跳闸，重则引起接触网设备烧伤而中断供电，影响行车。

接触网是电气化铁路交通系统上必备的关键构架，是电气化铁路的输电线路。

解决接触网结冰的方法

解决接触网结冰，主要有机械除冰和电流加热融冰两种方法。如果没有取得良好效果，工作人员就会进行人工除冰作业。

机械除冰

通过有能耐受刮冰又不损伤接触线的受电弓的动车组列车或电力机车在接触网上进行滑动除冰。

电流加热融冰

通过给接触网输送一定的电流，使它发热，从而消除接触网上的冰。

哈佳快速铁路修建的意义

哈佳快速铁路穿越中国最重要的粮食生产基地"北大仓"，结束了沿线大部分地区不通客运列车的历史。经受住了冬季最低气温近零下 40 摄氏度的极寒天气考验。

人工除冰

小贴士

东北平原北部开发较晚，曾经人烟稀少、荒草连天，因而在历史上曾被称为"北大荒"。而事实上，东北平原土地肥沃、地势平坦、雨热同期，适合农作物生长。在被开发利用后，东北平原已成为全国最重要的粮食生产基地，从"北大荒"变成了"北大仓"。

沿海铁路

在我国东南沿海地区，铁路建设面临着诸多挑战，包括环境湿度高、年降雨量大以及后勤维护检修难度大等难题。同时，为了跨海难题，建设者们创新性地采取了搭建跨海大桥与建设海底隧道等策略，成功实现了沿海铁路网络的构建。

海南环岛高速铁路

海南环岛高速铁路的线路呈环形，是我国"八纵八横"高速铁路网包（银）海通道的南端部分，是世界上首条环岛高速铁路。

铁路档案

建设开工时间：2007年9月

开通运营时间：2015年12月

全　　　长：653千米

位　　　置：分为东段和西段，都可以从海口市抵达三亚市

小贴士

海南岛热带雨林茂密，海水清澈蔚蓝，一年中分旱季和雨季。海南岛四周低平，中间高耸，呈穹隆山地形，由中间向四周呈山地、丘陵、台地、平原逐级递降，组成环形层状地貌。海南环岛高速铁路也是因海南岛的地理特点而设计建造的。

环境特点

海南岛常年处于高温、高湿状态，并频繁遭受台风侵袭，伴随着强烈的雷电活动。此外，海南岛还面临着硫酸盐等化学物质的腐蚀风险，这些物质多来源于海洋环境。同时，暴雨频发以及偶发的海水倒灌现象，更是加剧了岛屿生态环境的脆弱性。

解决钢轨腐蚀的方法

长期受高温、高湿、盐雾影响，高铁钢轨容易发生腐蚀。为了解决这一问题，技术人员采用专利技术对轨道扣件的螺纹道钉和轨距挡板等均进行了防腐处理，取得了很好的效果！

减轻海水倒灌影响的方法

受海水倒灌影响，铁路易处于严重腐蚀环境，技术人员通过改进施工工艺，采用防腐蚀材料，提升混凝土结构耐久性等方式减轻海水倒灌对铁路运输的干扰。

海水倒灌

发展高质量旅游业

海南旅游资源丰富，亚龙湾、文昌航天发射场、南海观音像、永庆寺、五指山等旅游景点每年都会吸引众多世界各地的游客。高铁的建成可以更加便捷高效地为旅客提供优良舒适的游玩体验。

"粤海铁1号"轮渡

2001年11月20日，我国第一艘跨海列车渡轮"粤海铁1号"正式开工建造。2002年11月，"粤海铁1号"完成首航。粤海铁路是连接广东和海南的跨海铁路，通过渡轮过海的方式助力海南发展和人民群众便捷出行，被誉为海南的"生命线"。

甬广高速铁路

甬广高速铁路，是我国"八纵八横"高速铁路网主通道中沿海通道的重要组成部分。

铁路档案

建设开工时间：2017年1月

开通运营时间：2023年9月，福州至漳州段开通
2023年9月，广州至汕头段开通
2023年12月，汕头至汕尾段开通

位　　置：连接浙江省宁波市与广东省广州市

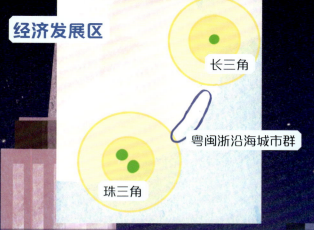

经济发展区

长三角

粤闽浙沿海城市群

珠三角

甬广高铁联通了东南沿海大大小小的数十座城市，加强了长三角和珠三角经济带之间的沟通交流，为经济的交流发展提供了强大助力。

黄金旅游区

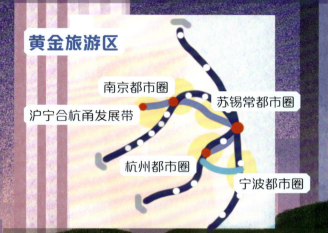

南京都市圈
沪宁合杭甬发展带
苏锡常都市圈
杭州都市圈
宁波都市圈

甬广高速铁路使福州、泉州、厦门等城市间形成"半小时交通圈"，东南沿海城市群串联起一条"黄金旅游带"。

气候特点

我国东南沿海地区属于亚热带季风气候，是受台风影响最频繁、最强烈的地区。台风来临时，大风和暴雨，对铁路运行造成了不小的挑战。

汕尾 ← 隧道口 / 陆域矿山段 / 海域矿山段 / 盾构段 / 明挖段 → 汕头
盾构始发井 / 盾构拆解洞 / 隧道出口

代表工程

汕头湾海底隧道

汕头湾海底隧道是中国广东省汕头市境内的高铁海底隧道，是甬广高速铁路汕头到汕尾段的关键控制性工程，全长9781米，是全球首条速度为350千米/时的海底隧道，施工难度大，需穿越复杂地质环境和地震断裂带。隧道建成对区域交通发展具有重要意义。

平潭海峡公铁大桥

世界著名风口海域之一的平潭海峡被称作"建桥禁区"。平潭海峡海域的波浪力是长江等内河的10倍以上，全年6级以上大风天超过300天，风大、浪高、流急、岩硬，使得平潭海峡大桥成为世界公认的施工难度最大的桥梁之一。

小贴士

涌浪指风浪离开风区后或风速、风向等风要素突变后，继续按原风力作用方向传播的周期为数秒的波浪。

"大桥海鸥"号起重船

为了满足平潭海峡公铁大桥钢桁梁整孔吊装架设及大型构件的海上吊装需要，我国设计建造了"大桥海鸥"号起重船。"大桥海鸥"号最大起重量为3600吨，主钩最高起升高度距水面110米，均创造了我国之最。

第二章 铁路发展变迁

铁路线路发展沿革

中国铁路发端于清代晚期，是随着西方科技知识传入而起步的，晚于西方国家半个世纪。我国铁路经过蹒跚起步、步履维艰的发展，在新中国成立后迎来快速发展，奋起直追，实现了从追赶到领跑的过程，达到了世界先进水平。

京张铁路

京张铁路是由中国人自主设计修建的第一条国有干线铁路。1905年开工，1909年建成通车，比预计提前两年完工，比预期节约了约30万两白银。它的建成充分表现了中国人民的智慧和力量，是中国铁路史上辉煌的一页。

铁路档案

建设开工时间：1905年9月
开通运营时间：1909年10月
全　　　长：201.2千米
位　　　置：从北京市丰台区到河北省张家口市

小贴士

洋务运动：晚清时期，在内忧外患中，以曾国藩、李鸿章、左宗棠、张之洞为代表的洋务派，以"自强""求富"为目的兴办军事工业与民用工业，并倡导学习西方先进技术，建设海防，创办新式学堂等。

时代背景

在清代晚期，英国和俄国对京张铁路的筑路权展开争夺。当清政府决定自行修建该铁路后，西方报纸曾发文讥讽："中国造此路之工程师尚未诞生！"然而，京张铁路的总工程师詹天佑毫不畏惧艰难险阻，以卓越的智慧、坚韧不拔的毅力和深厚的爱国情怀，领导团队克服了一个又一个技术难关和自然条件的限制。

中国铁路之父

詹天佑是京张铁路的总工程师，负责全线工程。詹天佑是广东南海县人，是中国近代科技事业先驱，被称作"中国铁路之父"。他12岁时考取了赴美留学资格，后就读于耶鲁大学，学习铁路工程相关专业。

詹天佑铜像

现在青龙桥车站的旁边，立着詹天佑铜像和碑亭，铜像后为詹天佑墓。每逢清明节前后，有很多人自发前往悼念。

京张铁路的修建难题

京张铁路关沟段大坡度达33‰。为解决大坡度问题，詹天佑在青龙桥车站依着山势修建了"人"字形铁路。

"人"字形线路

列车从北京的丰台站出发抵达南口站后采用双机牵引，两台机车前牵后推。到达青龙桥站后，列车调整前进方向，原来负责拉的车头改为负责推，原来处于列车尾部的机车则成了列车的最前端，负责把列车往前拉，使列车沿"人"字形铁路的另一边，向西北方向进入八达岭隧道。

这样巧妙的设计使线路坡度有效降低，也使八达岭山洞（隧道）的长度由原本的1800多米缩短为1091米，节约了大量的工程费用。"人"字形铁路的修筑，成为京张铁路的一个创举。

八达岭隧道的建设

竖井开凿法

詹天佑创设了"竖井开凿法":在隧道两端进行施工掘进的同时,于隧道上方的山岭上开挖一大一小两座直井,从山顶竖直向下挖掘,直至与隧道深度持平,随后再朝两端开凿,由此形成六个工作面,极大地加快了工程进度。其中,大直井作为隧道的永久性通风设施。

炸药开凿

为了解决八达岭地势陡峭、坡度大的难题,詹天佑采用了炸药进行爆破开挖。这是中国人第一次使用炸药爆破技术开凿山岭隧道,不仅加快了施工进度,还确保了隧道的安全开凿。

京张铁路设计标准

京张铁路采用1435毫米的标准轨距,正线采用85磅(当时采用比利时引进的钢轨标准)重型钢轨,侧线采用60磅钢轨。钢轨上有"IPKR"铭文,意思是"官办京张铁路"。

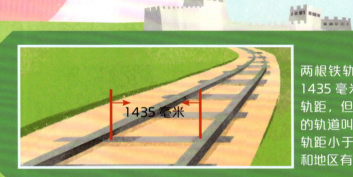

轨距小知识

两根铁轨之间的距离叫作轨距,国际上标准的轨距是1435毫米,现在我国大部分地区的铁路都是采用标准轨距,但也存在不同规格的轨距,轨距大于1435毫米的轨道叫作宽轨,使用宽轨的国家有印度、俄罗斯等。轨距小于1435毫米的轨道叫作窄轨,使用窄轨的国家和地区有日本和东南亚的一些地区等。

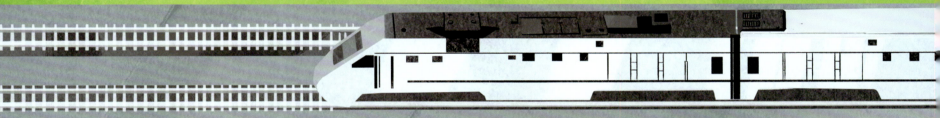

现在"人"字形铁路依然在使用,是北京昌平区到河北怀来县的S2线列车运行线路。S2线列车从黄土店站出发,经过南口、八达岭等车站,终点为沙城站,被称作"开往春天的列车"。

继往开来的京张高速铁路

2019年,一头连着历史,一头连着未来的京张高铁开通运营。这是世界首条智能高铁示范线,首次实现了速度350千米/时自动驾驶,成为当时世界上最"聪明"的高铁。2023年3月,国际铁路联盟召开第十一届世界高速铁路大会,将京张高铁列为世界首条智能铁路的代表。

京张高铁在青龙桥车站地下4米处穿过,与京张铁路"人"字形线路构成一个"大"字。

浙赣铁路

浙赣铁路是从浙江杭州至湖南株洲的干线铁路，其前身可以追溯到1899年开工建设的株萍铁路。
浙赣铁路起初并不叫浙赣铁路，1929年，为了发展浙江西部一带的经济，浙江省政府决定自行筹款，修筑一条连接杭州至江西玉山县的铁路，并将之命名为杭江铁路。此后，铁路继续延展修筑，于1934年更名为浙赣铁路，至1937年铁路全线告竣。浙赣铁路成为贯穿华东地区和中南地区的交通大动脉。这条铁路不但在抗战时期立下了汗马功劳，而且对于促进我国南方各省之间的交通往来，推动沿线经济发展具有重要意义。

浙赣铁路原为孙中山先生《实业计划》中东南铁路系统内的线路之一。

早期在浙赣铁路上运行的机车多为外国进口的，这些机车来自多个国家、多家工厂，型号众多，形态各异。这台机车就是当时由德国进口而来的。

铁路档案

建设开工时间：1930年2月
开通运营时间：1937年9月
全　　　长：947千米
位　　　置：连接浙江省杭州市与湖南省株洲市

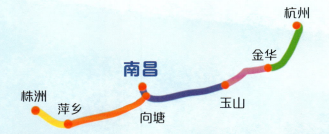

分段修建

浙赣铁路是分段修建的，最早开始修建的是株洲到萍乡段，用于运输煤炭。后来相继修建了杭玉段、玉南段、南萍段，截至2006年形成了东起笕桥站，西至株洲站的浙赣铁路。在中国铁路第六次大提速时，浙赣铁路与其他几条铁路合并为沪昆铁路，是联系华南地区和中南地区的重要交通路线。

钱塘江大桥的主持修建者

茅以升

茅以升是中国著名的土木工程学家、桥梁专家和工程教育家，早年留学美国，回国后将毕生精力投身祖国的建设事业，曾任唐山交通大学（今西南交通大学）教授、钱塘江大桥工程处处长、中国铁道科学研究院院长等职。1955年被选聘为中国科学院院士（学部委员）。

代表工程

钱塘江大桥

钱塘江大桥是浙赣铁路的重要桥梁工程，由茅以升主持设计并组织修建，是我国自行设计、建造的第一座双层式铁路、公路两用桥。

桥梁全长1453米，上层为公路桥，下层为铁路桥。钱塘江大桥开启了中国现代桥梁的先河，2006年入选第六批全国重点文物保护单位。

小贴士

钱塘江大桥建成于1937年，诞生于抗日战争的烽火岁月。1937年7月7日，"七七事变"发生，日本发起全面侵华战争。钱塘江大桥成为抗战物资和人民生产生活的重要交通生命线。12月23日，日军攻打杭州，茅以升奉命炸毁钱塘江大桥，以阻滞日军进攻。茅以升写下了一首诗："斗地风云突变色，炸桥挥泪断通途。五行缺火真来火，不复原桥不丈夫！"抗战胜利后，在茅以升主持下，大桥于1948年修复通车。

成渝铁路

成渝铁路是新中国成立后建成的第一条铁路。由中国自行设计、施工，完全采用国产材料修建，是中国铁路史上的一个创举。它结束了西南地区没有铁路的历史，是西南地区经济建设和国防建设的一条大动脉。

铁路档案

建设开工时间：1950年6月
开通运营时间：1952年7月
全　　　长：505千米
位　　　置：连接四川省成都市与重庆市

修建原因

新中国成立后，多条铁路都需要修建，邓小平提出了**三点理由**，说服了毛泽东主席支持先行修建成渝铁路。以下是三点理由大意。

第一，四川交通闭塞、政令不畅，修铁路，有利于四川政令畅通。
第二，修建铁路，可以带动四川乃至西南地区百业兴旺，便于与全国其他地区互通有无。
第三，自行修建铁路可以提高我国的国际声望，促进工业发展。

军民一心修铁路

成渝铁路建设过程中，前后共从中国人民解放军抽调了2万多名战士，同时发动铁路沿线8万多名农民和工人，由各地方政府和党委负责人亲自带领参与铁路修筑。
在施工条件极度艰苦、缺少现代化设备，运输能力不足的条件下，十余万军民肩挑背扛，硬生生从崇山峻岭中"抢"出一条成渝铁路。"敢为人先、众志成城、艰苦奋斗、无私奉献"，这是成渝铁路留给我们的筑路精神。

小贴士

成渝铁路的修建更是为新时代西部大开发、成渝地区双城经济圈打下基础。如今，随着成渝高铁的开通，重庆和成都之间的时空距离大大缩短。

大秦铁路

大秦铁路是中国西煤东运的主要通道之一，是中国第一条双线重载电气化运煤专线。通过自主创新和扩能改造，大秦铁路大量开行了1万吨和2万吨重载组合列车，并于2014年成功进行了3万吨重载列车运行试验。

铁路档案

建设开工时间：1985年1月
开通运营时间：1992年12月
全　　　长：653千米
位　　　置：西起山西省大同市
　　　　　　东到河北省秦皇岛市
　　　　　　横贯山西省、河北省、北京市、天津市

和谐型大功率电力机车

2006年起，大秦铁路使用国产和谐型大功率重载机车，让重载铁路运输"如虎添翼"。

仔细看，这列重载列车最前面有两个火车头，由两台完全相同的电力机车"背靠背"共同组成，可产生更大的牵引动力。

重载列车全长可达2.6千米左右，远远望去就像一条长长的钢铁巨龙。

小贴士

大秦铁路的运输能力始终伴随着经济社会发展的需求不断突破，年运输煤炭4亿吨以上，被誉为"中国重载第一路"。

煤运输使用的主力车型

C80型敞车是大秦铁路煤运输使用的主力车型，C代表敞车，80代表每节车厢载重是80吨。铁路货运车辆，包括敞车（C）、平车（N）、棚车（P）、罐车（G）等，用来运输不同类型的货物。

2009年1月，"大秦铁路重载运输成套技术与应用"被授予2008年度国家科学技术进步奖一等奖。

大秦铁路精神

大秦铁路为中国经济社会发展做出重大贡献，同时孕育出宝贵的精神财富——大秦铁路精神。"负重争先、勇于超越"的大秦铁路精神，彰显了大秦铁路人爱党、爱国、爱路的家国情怀。大秦铁路人创造了人类铁路运输史上的非凡业绩，走出一条中国特色的重载发展之路。

京沪高速铁路

京沪高速铁路途经北京、天津、上海三大直辖市和冀、鲁、皖、苏四省，连接环渤海和长三角两大经济圈，建成时是世界上一次建成里程最长、标准最高的高速铁路。

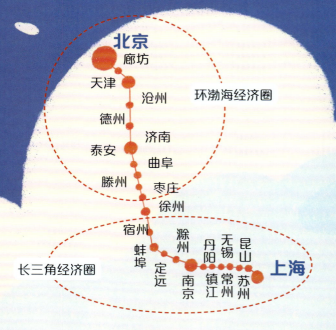

铁路档案

建设开工时间：2008 年 4 月
开通运营时间：2011 年 6 月
全　　　　长：1318 千米
位　　　　置：连接北京市与上海市

在环渤海经济圈与长三角经济圈之间架起了一条人流、物流、信息流和资金流的快速通道，串起京沪"高铁经济走廊"。

代表工程

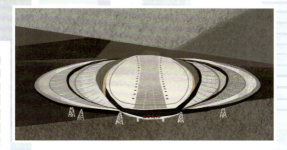

北京南站

北京南站于 2006 年开工，2008 年 8 月 1 日投入运营。车站总体外观呈椭圆形，总建筑面积为 32.2 万平方米，共分 5 层，设有 13 个站台，东南西北 4 个方向均设有进出站通路，以顺畅、科学的流线，方便旅客通行。

2010 年 12 月，CRH380A 新一代高速动车组列车在京沪高铁枣庄至蚌埠间的先导段进行联调联试和综合试验，最高速度达到 486.1 千米/时，刷新当时世界铁路运营试验最高速。
2016 年 1 月，"京沪高速铁路工程"被授予 2015 年度国家科技进步奖特等奖。
2017 年 9 月，"复兴号"动车组列车在京沪高速铁路实现速度 350 千米/时商业运营，标志着中国为世界高速铁路商业运营树立了新标杆。

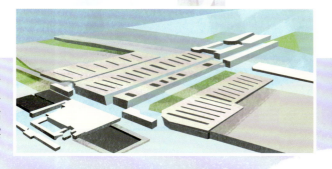

上海虹桥站

上海虹桥站于 2008 年 7 月开工，站房建筑面积约为 24 万平方米，共分 4 层，设有 16 个站台。车站东侧与机场比邻，实现了方便快捷的综合交通换乘。

代表工程

南京大胜关长江大桥

南京大胜关长江大桥于 2006 年开工，2011 年通车，全长 9273 米。该桥建成时代表了中国桥梁建造的最高水平，是世界首座六线铁路大桥、设计荷载最大的高速铁路大桥，双跨连拱为世界同类级别高速铁路大桥中跨度最大的。

小贴士

京沪高速铁路自北向南经过了华北平原、长江中下游平原。在天津穿过了海河，在济南穿过了黄河，在蚌埠穿过淮河，在南京穿过长江。

京广高速铁路

京广高铁是世界上运营里程最长，跨越温带、亚热带，多种地形、地质区域和众多水系的高速铁路。

铁路档案

建设开工时间：2005年6月
开通运营时间：2012年12月
全　　　长：2281千米
位　　　置：连接北京市和广东省广州市

代表工程

广州南站
广州南站是我国华南地区重要的交通枢纽，2004年12月开工，2010年1月投入运营。总建筑面积为61.5万平方米，共分4层，设有15个站台，换乘方便，是我国"南大门"的一座现代化标志性建筑。

武汉天兴洲长江大桥
武汉天兴洲长江大桥，正桥全长4657米，为六车道公路、四线铁路大桥，于2004年9月开工，2009年12月通车，被誉为中国桥梁史上的又一里程碑。

创造四个"世界第一"

建成时，这座公铁两用斜拉桥主跨达504米，跨度为同类桥梁中的世界第一；
设计速度为200千米/时，为同类桥梁中的世界第一；
主桥宽度为30米，为同类桥梁中的世界第一；
可承载2万吨的载荷，载荷量为同类桥梁中的世界第一。

小贴士

京广高速铁路一路穿越环渤海经济圈、长三角经济圈、珠三角经济圈等多个经济圈，形成一条贯穿华北、华中、华南至港澳地区的"经济宽带"。

京张高速铁路

京张高速铁路由我国自主设计建造,是目前世界上最先进的速度为 350 千米/时的智能高速铁路。

铁路档案

建设开工时间:2016 年 4 月
开通运营时间:2019 年 12 月
全　　　　长:174 千米
位　　　　置:连接北京市与河北省张家口市

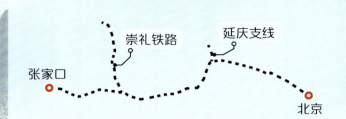

官厅水库特大桥

官厅水库特大桥是世界上首例适用于速度为 350 千米/时的高速铁路钢桁梁桥,全长 9.08 千米。主桥采用每孔 110 米钢桁梁连续 8 孔跨越水库的设计。为最大限度保护水体,大桥建设采用岸上拼装、水上长距离顶推技术和严苛的水源保护措施。

代表工程

八达岭长城站

八达岭长城站位于八达岭长城景区内,为了保护八达岭长城和青龙桥车站"人"字形线路等文化遗产,车站轨面埋深为 102 米。八达岭长城站被认为是世界最深、亚洲最大的地下高铁站。

清华园隧道

清华园隧道是京张高速铁路的控制性工程,全长 6.02 千米,位于北京市核心区,穿越多条地铁线、城市主要道路和市政管线,是目前我国城区穿越地层最复杂、重要建筑物最多的单洞双线高风险隧道。

京张高速铁路智能动车组

京张高速铁路智能动车组以"复兴号"CR400BF 型动车组为基础,首次采用我国自主研发的北斗卫星导航系统,实现速度 350 千米/时自动驾驶,在高铁应用历史上属世界首例。车内的 WiFi 覆盖、无线充电、灯光智能调节、无级变色车窗等极大地提高了旅行服务品质。

老火车站述说铁路历史

老火车站独特的建筑风格吸引着旅客的目光,这些建筑背后有哪些历史故事,它们的站台又记录着哪些铁路故事,让我们一起走进老火车站去感受吧。

正阳门东车站

在北京天安门广场的东南角,有一座灰白相间的欧式建筑格外醒目,它就是有着百余年历史的京奉铁路正阳门东车站,也称前门火车站。

作为京奉铁路的起点,百余年前人们便可以从这里乘坐火车抵达奉天,也就是如今的沈阳。

1906年正阳门东车站建成,成为当时全国最大的火车站及铁路交通枢纽。至1909年,正阳门东车站已是"层楼轩敞,设备极周",可满足旅客休憩等各种需求,并以其造型独特、风格迥然,成为北京的标志性建筑。

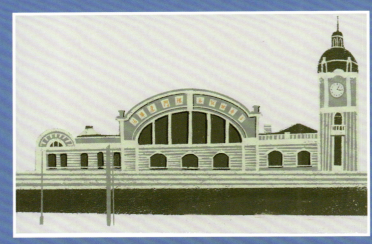

车站有站台三座,其中两座有风雨棚。候车室在车站两端,问事房、客票房、行李房分设于车站西端等处。旅客用的公用电话、厕所、无线电报等都配备齐全。

见证中轴线变迁的车站

正阳门坐落于天安门广场南端,如今的建筑由南北纵列的箭楼与城楼两座建筑构成,城楼居北,箭楼居南。正阳门是老北京内城与外城城门中规模最大、形制等级最高的城门建筑,是北京中轴线南段的重要景观。

从前,正阳门的城楼和箭楼之间还有把它们连接为一体的瓮城。但是随着京汉铁路正阳门西车站和京奉铁路正阳门东车站相继建成,正阳门地区成为当时北京最重要的交通枢纽,周边交通流量剧增,出入十分不便。

1915年,为改善正阳门地区交通状况,瓮城被拆除,使城楼与箭楼各成一景,且箭楼平台上增修了栏杆和凸出眺台,一、二层箭窗上还增修了白色弧形华盖,使这座中国古代建筑融入了西方建筑风格。

可以说,正阳门东车站成为北京中轴线变迁的重要见证。

配合地铁建设

原站房位置

如今我们看到的

20世纪60年代,为了配合地铁建设,将正阳门东火车站的北边站房部分拆除,在钟楼部分的南面进行重建,相当于以钟楼为轴进行了"镜面对称平移",所以我们在老照片中看到钟楼在南面,而现在的钟楼则在北面。

中国铁道博物馆

1959年9月,新建的北京站开通运营,正阳门东车站退役,结束了作为"首都大门"的历史使命。正阳门东车站退役后,其旧址使用功能和建筑外貌曾几度改变,先后成为铁道部科技馆、北京铁路工人俱乐部等,2001年其旧址被列为北京市第六批文物保护单位。2010年,这里被改为中国铁道博物馆正阳门展馆并正式开馆。

小贴士

中国铁道博物馆正阳门展馆基本陈列为中国铁路发展史,展示从晚清时期至今我国铁路的发展历程和辉煌成就。地下一层为沙盘展示区,展示铁路线路和特色高铁车站。三层为主题展区,定期更换展览内容。展馆全方位向公众科普和展示我国铁路历史和相关知识。

浦口火车站

浦口火车站地处南京市内长江北岸，是津浦铁路（天津—南京浦口）的南端终点，于1914年开始运营。浦口火车站可与长江航运衔接，是当时全国重要的交通枢纽。2004年，随着最后一班列车的驶出，它正式退出了历史舞台。

浦口火车站是见证南京浦口近百年历史的"活化石"，站房采用典型的英式风格，车站主要包括车站大楼、售票处、车务段大楼、月台（站台）和雨廊等部分，后又建中山停灵台。

如今的浦口火车站旧址上的南京北站是国内完整保留历史风貌的"百年老火车站"，也是中国唯一保存民国特色的火车站。

铁路的修建为曾经名不见经传的南京浦口带来了勃勃生机。民国时期，浦口火车站成为长江以北地区到达南京的必经之地。列车往来繁忙，人流如织，热闹非凡，旅客、商贩、码头工人汇集于此。浦口火车站的繁荣景象吸引了不少外地人来此谋生。

稳定的地基

车站地基不像普通建筑物那样用石块垫底，而是将花旗松主干整根夯砸下去，充当基石。这种花旗松木材经过防腐处理，确保了整体地基的稳定性。

"文艺"的浦口火车站

月台

拱形雨廊

浦口火车站的月台、雨廊等建筑采用了当时先进的混凝土整体浇筑技术。月台上建有雕饰精美的单柱伞形雨廊，这在当时的铁路建筑中十分罕见。从侧面看去，雨廊像是一把把相连的张开的雨伞，支柱敦实，顶棚宽大，形成了别具一格的反差之美。在通向码头方向还有拱形雨廊，与伞形雨廊巧妙连接，充满了文艺气息。

影视作品中的浦口火车站

伴随时间的流转，浦口火车站慢慢变成了人们探寻历史与回忆的关键所在。与此同时，它也化作众多影视剧的取景之地。曾备受欢迎、热度颇高的电视剧《情深深雨濛濛》《金粉世家》等，都在这摄取了诸多的场景画面。

文学作品中的浦口火车站

著名散文家、诗人、学者朱自清乘车北上求学，便是在浦口火车站与父亲话别。1925年朱自清在散文《背影》中描述了父亲在浦口火车站月台攀上爬下为他买橘子的一幕，在平凡小事中展现出父亲对孩子的爱和呵护，成为经典。

我说道："爸爸，你走吧。"他往车外看了看说："我买几个橘子去。你就在此地，不要走动。"……我看见他戴着黑布小帽，穿着黑布大马褂，深青布棉袍，蹒跚地走到铁道边，慢慢探身下去，尚不大难。可是他穿过铁道，要爬上那边月台，就不容易了。他用两手攀着上面，两脚再向上缩；他肥胖的身子向左微倾，显出努力的样子，这时我看见他的背影，我的泪很快地流下来了。
——朱自清《背影》（节选）

2013年，浦口火车站旧址被列入第七批全国重点文物保护单位名单。

沈阳站

20世纪20年代的沈阳站

沈阳站作为东北地区的重要交通枢纽，是一座具有悠久历史的百年老站。沈阳站的历史可以追溯到1899年，最早的车站只是一座俄式青砖平房，名为"莫克敦"（满语音译，有兴盛之意），1904年更名为奉天驿，1910年车站搬迁到了如今的位置并沿用至今。
如今，沈阳站已成为沈阳历史和文化的象征。

沈阳站先后经历了1926年和1934年的两次扩建，陆续建成四个候车室，建筑面积为6555平方米，是当时东北地区最为重要的客运中转站。

车站外观设计

沈阳站站房是两层高的红砖建筑，楼体呈洋红色，穹顶为灰绿色。车站正立面横向、纵向均为三段式，中央及两翼角楼上各设一座灰绿色穹顶，穹顶上开有圆形天窗。红砖墙壁与白色线脚、门窗等相互映衬，彰显出欧洲文艺复兴时期的建筑风格。

- 圆形天窗
- 灰绿色穹顶
- 红砖墙壁
- 白色线脚

雷锋的沈阳足迹

有一次雷锋出差去安东（现辽宁省丹东市）参加沈阳部队工程兵军事体育训练。到沈阳站换车的时候，一位中年妇女没有车票硬要上车，雷锋上前了解到这位大嫂丢失了钱包和车票，于是用自己的津贴给她买了一张车票，那大嫂问："同志，你叫什么名字，哪个单位？我把钱给你寄过去。"雷锋说："我叫解放军，就住在中国。"

大连站

大连站位于大连市胜利广场北，建于 1935 年，1937 年正式启用，时称大连驿。这座建筑合理利用地形，在较低的广场空间上，通过弧形大坡道将车站建筑与广场外的城市空间成功地连接起来。建筑的空间功能组织明确合理，经受住了时代的推敲。

设计理念

大连站设计方案借鉴了机场"高进低出"的理念，该理念便于旅客乘车和换乘，所以至今为许多著名的大站使用。南京站以及上海南站都是采用了这种设计理念。

大连站的外观设计

大连站主楼建筑高大气派，这个四四方方的建筑采用的是当时国际流行的风格，主要以均匀的、未经过装饰的几何图形，宽敞的室内环境以及使用玻璃、钢铁和钢筋混凝土材料制造为主要特征，以简洁、规整，视觉效果极具现代化为主要特点。

新中国第一位女火车司机

1950 年 3 月 8 日，身穿崭新工作服的田桂英驾驶着庞大的蒸汽机车缓缓驶出大连站。新中国成立后不久，田桂英积极报名参加新中国第一批女火车司机训练班，并以优异的成绩由火夫、司炉升为正式的火车司机。1950 年国庆前夕当选为全国劳动模范的田桂英作为东北工人代表受到毛泽东主席亲切接见。

北京站

北京站建于1959年，是向新中国献礼的十大建筑之一，1月开工，9月15日开通运营。车站大楼以鲜明的民族风格、雄浑博大的建筑特色和优异的建筑质量赢得人们交口称赞。

毛主席题字

北京站开站前期，毛泽东主席视察了北京站，并亲笔为北京站题写站名。当时毛主席一共写了两幅，现在采用的站名是毛主席亲笔圈点的。

这座大型车站的建设速度之快，创造了新中国铁路建设史上的奇迹——在短短7个月零20天内，完成从破土动工到正式通车运营。这座车站不仅规模宏大，而且功能齐全，充分展现了中国铁路建设的强大实力和高效能力。

北京站的建筑风格

北京站采用民族特色与现代技术相结合的设计风格，总体布局呈现出中国传统建筑的对称结构。

北京站中央大厅高34米，采用混凝土大跨度薄壳结构，向上隆起。车站大楼正面四个突出建筑顶上是中式四角亭。两旁的钟楼高度达43米，与中央大厅形成鲜明对比。塔楼分立东西两侧尽头与钟楼采用中式传统的琉璃女儿墙连接起来，形成整体。

北京站宏伟的外观和精致的内部装饰，透露出大气华丽的美感，既体现了历史的传承，又展现了现代建筑技术的创新。

北京站主楼

北京站车站大楼坐南朝北，东西宽218米，南北最大进深为88米，东翼首层是出站系统，中央和西翼是进站系统。车站可以同时容纳14000名旅客同时候车。

大智门火车站

大智门火车站是中国第一条长距离标准轨铁路——京汉铁路最南端的大型车站，于1903年建成，建成时是亚洲首屈一指的现代化火车站。车站因地处清末汉口堡大智门外而得名大智门火车站。

1906 年

京汉铁路，原称卢汉铁路，是"中日甲午战争"后中国清政府决定自己修筑的第一条铁路，由清政府向比利时贷款修建。始建于1897年，1898年年底从南北两端同时开工，1906年4月全线通车，全长1214千米。

1942 年

1938年至1942年间曾发行过一张大智门火车站的彩色明信片，图中可见站房屋顶是绿色的，墙面、窗、檐等部位以线条和几何图形雕塑装饰。主出入口在站房正中。正中为一层的候车大厅，两端为二层，楼下是售票室，楼上为办公室。

1991 年

新中国成立后，大智门火车站改称为汉口站。1991年新汉口站开通运营，大智门火车站退役，2001年6月，这栋历史建筑被列入第五批全国重点文物保护单位名单。

孙中山先生的预言

孙中山先生在《建国方略》中预言，未来武汉将更为重要，确为世界最大都市之一矣，尤其在商业方面，立足要把三镇建成中国最重要的商业中心，最终使武汉成为可与纽约、伦敦媲美的世界大都市。

《汉口小志》记述

《汉口小志》记述火车站前的景象："繁盛极矣，南北要道，水陆通衢，每届火车停开时候，百货骈臻，万商云集。"车站周围人口稠密，商业繁荣。

车站外观设计

大智门火车站基本设施借鉴欧洲成熟车站的设施配置，在建筑外观造型上，体现了西式风格。大智门火车站建筑平面布局呈亚字形，中部突出，立面呈山字形。主楼四角各筑一塔楼，高20米。建筑线条层层递进，展现出飘逸灵动之美。

全国水陆交通联运枢纽

作为亚洲领先的现代化车站，大智门火车站通车后迅速转变了汉口以水运为主的交通方式。大智门火车站与长江码头共同构成了全国水陆联运的交通枢纽。大智门火车站为武汉带来了新的发展机遇。车站的建成促进了汉口的迅速繁荣，使武汉获得了"东方芝加哥"的美誉。

塔楼

第三章　列车前行的印记

"火车头"述说铁路故事

在中国铁道博物馆，陈列了一百多台造型各异、年代不同的"火车头"，它们都曾驰骋在铁道线上，为祖国铁路发展做出了卓越贡献。在它们的背后，又发生了哪些故事呢？

"国庆号"蒸汽机车

"国庆号"蒸汽机车，是青岛四方机车车辆厂职工为迎接中华人民共和国成立一周年，向国庆献礼的蒸汽机车。

"国庆周年号"

1950年8月，四方机车车辆厂的工人们在第三次职工代表大会上通过决议，决定修复组装解放（JF）型2101号蒸汽机车，向国庆献礼，并于同年9月组装完成。工人们将喜报传到铁道部，滕代远部长发来贺电，并将该车命名为"国庆周年号"。

克服重重困难

在修复组装的过程中，工人们克服了零部件和原材料匮乏、待修车破损严重等重重困难。通过"找窍门、挖潜力"，日夜奋战，终于将机车修复成功，并于1950年9月27日将之开至北京。

铭牌上的记录

蒸汽机车车身上的制造铭牌上记录着"铁道部四方铁路工厂造"。

青岛四方机车车辆厂

青岛四方机车车辆厂是中国早期蒸汽机车工厂之一。1952年7月，"四方机厂"成功试制新中国第一台国产蒸汽机车——"八一号"。它的诞生，结束了我国不能自行制造机车的历史，同时也揭开了我国蒸汽机车制造史上的新篇章。

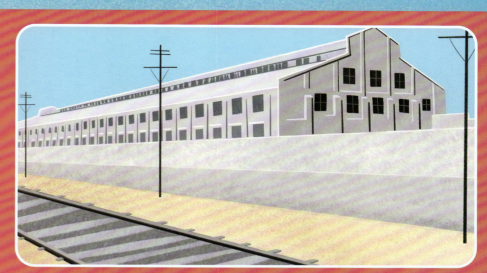

人民币上的蒸汽机车

新中国建立后的第二套人民币的"贰角"纸币上，刻画的图案正是"四方机厂"于1950年生产的"国庆周年号"蒸汽机车。

现在"国庆号"在哪？

"国庆号"投入使用后不久，就"投身"到抗美援朝的战场，往返前线运送战备物资，为抗美援朝的胜利做出了巨大贡献。随着机车工业的发展，更多先进的机车涌现，这台机车在铁路系统服役一段时间后，被调配到地方工矿企业使用，最终被中国铁道博物馆收藏。

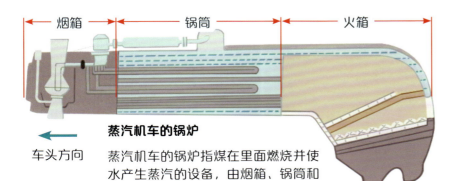

蒸汽机车的锅炉

蒸汽机车的锅炉指煤在里面燃烧并使水产生蒸汽的设备，由烟箱、锅筒和火箱3部分组成。

前进型 0001 号蒸汽机车

前进型 0001 的诞生

前进型 0001 号蒸汽机车是新中国成立以后制造的第一台前进型干线货运蒸汽机车,也是中国机车家族中的重要一员,见证了中国铁路牵引动力发展的过程,是珍贵的铁路历史遗产。

不断进步的道路

新中国成立之初,我国铁路线上有 4000 多台蒸汽机车,但却没有一台是中国自己生产的,后来虽然陆续仿制出了解放型、胜利型蒸汽机车,但仍然无法满足日益增长的铁路运输需要。

1955 年,我国决定自行设计并生产蒸汽机车。这个任务交给了大连机车车辆工厂。经过一年零八个月的不懈努力,1956 年,我国成功试制出第一台大功率干线货运蒸汽机车。机车最初被命名为和平型 0001 号,后来和平型统一改称为前进型,于是便有了我们现在看到的前进型 0001 号蒸汽机车。

蒸汽机车的主要结构

下图为前进型 3461 号蒸汽机车的侧面展示图。蒸汽机车主要由锅炉、汽机、车架和走行部以及煤水车等组成。

车架是蒸汽机车的支撑部分，主要由牵引梁和缓冲装置等组成。锅炉、汽机等固装于车架上。

走行部是蒸汽机车的移动部分，由轮对、轴箱、弹簧装置等组成。

煤水车是蒸汽机车顺利运行必不可少的部分。煤水车挂在机车司机室后方，是用来装载煤、水及相关工具的，由煤槽和水柜两部分组成。

锅炉　车架和走行部　煤水车

汽机　汽机由高压缸、低压缸、活塞、连杆等部件组成，负责将蒸汽的热能转化为机械能，是蒸汽机车的动力部分。

蒸汽机车是怎么运行起来的？

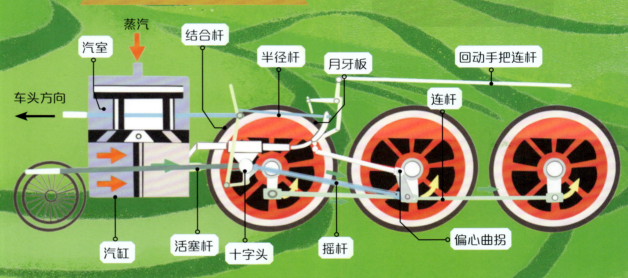

蒸汽　结合杆　半径杆　月牙板　回动手把连杆
汽室　　　　　　　　　　　　连杆
车头方向
汽缸　活塞杆　十字头　摇杆　偏心曲拐

蒸汽机是靠蒸汽膨胀来做功的，当司炉把煤填入炉膛时，煤在燃烧过程中，它蕴藏的化学能就转换成热能，把机车锅炉中的水加热，使之汽化，形成 400℃ 以上的过热蒸汽，再进入蒸汽机膨胀做功，推动汽机活塞往复运动，再通过连杆、摇杆，将往复直线运动变为轮转圆周运动，带动机车动轮旋转，从而牵引列车前进。

到 1988 年停产时，前进型是国产蒸汽机车中产量最高、牵引功率最大的蒸汽机车，达到了当时蒸汽机车设计制造的先进水平。

光荣退役

1988 年 12 月 21 日，前进型 7207 号蒸汽机车在大同机车厂出厂。这是我国生产的最后一台干线货运蒸汽机车，中国铁路运输牵引机车自此以后进入了以内燃机车、电力机车为主的新时代。

东风4型0001号内燃机车

东风型内燃机车是中国铁路使用的内燃机车的主力车型之一,是内燃机车中的"主力军"。东风型内燃机车是一个"大家族",在西北戈壁荒漠、东北大兴安岭林区,以及线路隧道多、坡度大的西南地区,都能见到东风型内燃机车的身影。东风型内燃机车为祖国铁路事业立下了汗马功劳。

什么是内燃机车?

内燃机车是以内燃机为动力设备,通过传动装置驱动车轮转动的机车。我国铁路运用的内燃机车的传动方式分为电力传动和液力传动两种。

电力传动内燃机车

电力传动内燃机车是一种以内燃机为动力源,通过电力传动装置驱动车轮转动的机车。东风4(DF4)型内燃机车采用交—直流传动,通过柴油机带动牵引发电机产生交流电,再通过整流装置整流,将整流后的直流电传递给直流牵引电动机。

第一台样车

在中国铁道博物馆里陈列着一台东风4型0001号货运内燃机车。这台机车是我国第一台交—直流传动干线货运内燃机车,由大连机车车辆工厂制造,于1973年正式出厂,出厂后配属丰台机务段。机车全长21.1米,设计速度为100千米/时,整备重量138吨。

大连机车车辆工厂制造 1973年

东风4型0001号内燃机车先后配属北京铁路局丰台、古冶、唐山、临汾等机务段,在近30年的时间内安全行驶223万千米。

东风 4D 型内燃机车

东风 4D 型内燃机车是东风 4 家族中的高性能版本，继承了东风 4 的核心架构，通过动力升级和技术迭代，实现了更高效、更可靠的运营表现，上图为此类内燃机车的内部结构。

巾帼不让须眉的女子包乘组

1976 年 1 月，北京铁路局的丰台机务段决定组建三八女子包乘组。她们发挥不怕吃苦的精神，把机车电路图背得滚瓜烂熟，机车运行出现的小问题，她们都能快速处理。经过 3 年的不懈努力，首批定职的女内燃机车司机开始独立操纵机车，她们驰骋在铁道线上，用自己的青春和汗水，为中国铁路发展描绘了靓丽的图景。

光荣退役

2002 年，东风 4 型 0001 号内燃机车跑完最后一班，安全抵达临汾站，完成了它的历史使命。这台机车落户到中国铁道博物馆，作为铁路机车发展史的珍贵见证，焕发出新的生机。

东方红 1 型 4290 号内燃机车

东方红 1 型内燃机车是我国第一代液力传动内燃机车的代表车型，最初被称为卫星型内燃机车，于 1966 年定名为东方红 1 型内燃机车。

东方红 1 型内燃机车共生产了 106 台，珍藏在中国铁道博物馆的这台为东方红 1 型 4290 号，1971 年由四方机车车辆工厂生产。这种型号的机车速度可达 120 千米 / 时，代表了我国生产的内燃机车在柴油机、液力传动装置等方面达到了较高水准。

东方红 5 型 0001 号内燃机车

东方红 5 型 0001 号内燃机车，全长 13.7 米，速度为 40 ~ 80 千米 / 时，1976 年生产于资阳内燃机车工厂，2002 年在天津北机务段退役，现收藏于中国铁道博物馆。东方红 5 型内燃机车可以在 50 摄氏度的温度条件下作业，因而被地方铁路和工矿企业广泛使用。

液力传动内燃机车

这三台机车都是液力传动内燃机车。液力传动内燃机车是利用液力变矩器把内燃机产生的动力传到车轮的机车类型。这种类型的机车具有功率较大、速度较快等优势，但缺点是油耗较大、传动效率较低。

北京型 3003 号内燃机车

中国铁道博物馆里的这台是北京型 3003 号内燃机车，它于 1970 年由北京二七机车车辆工厂生产，是我国铁路史上最成功的液力传动内燃机车车型之一。

编号以"3"开头的北京型内燃机车，被车迷们亲切地称为"小北京"。此外，还有被称为"大北京"和"口岸北京"的北京型内燃机车。

20 世纪 70 年代至 80 年代，北京型客运机车是华北、华中地区的主力客运机车。

韶山 1 型 008 号电力机车

第一代国产电力机车

韶山 1 型电力机车是我国自行研发制造的第一代电力机车，这台 008 号机车则是该车型第一台定型机车。

韶山 1 型 008 号电力机车，全长 20.368 米，设计速度为 90 千米/时。这种车型成为 20 世纪 80 年代我国铁路干线客货两用电力机车的代表。

为什么第一台定型机车不是 001 号而是 008 号？

1958 年 12 月，第一台国产电力机车在湖南省湘潭市问世，被命名为 6Y1 型 001 号。经过 10 年时间，完成技术改造的 008 号机车被正式命名为韶山 1 型。因此韶山 1 型的第一台机车并不是 001 号而是 008 号。

1969 年 10 月，在四川省成都市举行的我国第一条电气化铁路宝成铁路的开通仪式上运行的就是韶山 1 型 008 号电力机车。
韶山 1 型 008 号电力机车在穿越崇山峻岭的宝成铁路上运行时，十分平稳，司机室平台简洁、操作方便，非常受司机们的欢迎。

电力机车的电是从哪来的？

电力机车的牵引动力来自电能。机车本身不能产生动力，而是依靠外部供电系统供应电能，通过机车顶部升起的受电弓从接触网上获取电能，通过牵引电动机驱动机车运行。以下为电力机车供电系统示意图。

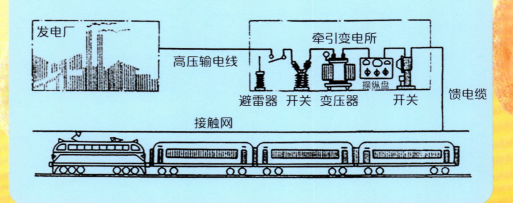

光荣退役

韶山 1 型电力机车由株洲电力机车工厂设计研制，共生产了 826 辆。
韶山 1 型 008 号电力机车 2002 年在贵阳机务段退役，之后被收藏于中国铁道博物馆。

"和谐"系列电力机车

"和谐"系列电力机车是我国铁路运输的主力车型。在"和谐"系列电力机车车身上,可以看到大大的"和谐"字样,其后面跟着一串字母和数字的组合,它们代表着什么含义呢?

"HX"是"和谐"的汉语拼音首字母,"D"代表电力机车,其后组合的第一个数字"1""2"或"3"是不同的生产厂商代号。

"1"代表该机车由中车株洲电力机车有限公司生产;
"2"代表该机车由中车大同电力机车有限公司生产;
"3"代表该机车由中车大连机车车辆有限公司生产。

HXD1B型电力机车

HXD1B型电力机车,牵引功率为9600千瓦,最高运营速度为120千米/时,是为了满足我国铁路重载货运的需要而研发的大功率交流传动干线货运电力机车。

受电弓

这是电力机车的受电弓,它安装在机车车顶,是机车从接触网获取电能的电气设备。受电弓的"好搭档"是接触网,它是架设在电气化铁道上空,向电力机车供电的一种特殊形式的输电线路。

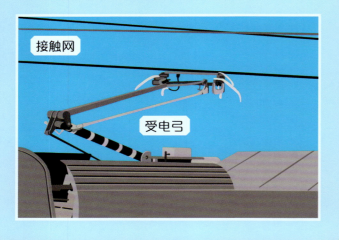

HXD2 型电力机车

HXD2 型电力机车，总功率为 10000 千瓦，最高运营速度为 120 千米 / 时，是我国铁路重载货运的主型牵引机车之一，具有功率大、提速较快、黏着系数高、安全性高等特点，能够牵引万吨大列实现"多拉快跑"。

HXD3D 型电力机车

在正式投入运营时，HXD3D 型电力机车是我国铁路单机功率最大、速度最快的大功率交流传动客运电力机车，最高运营速度为 160 千米 / 时，可牵引 20 节旅客列车，一次最多能运送 3000 名旅客。
这种型号的机车分布广泛，在我国铁路的主要干线上都能看到它的身影。HXD3D 型电力机车凭借独特的性能优势，为中国铁路提速做出了不可磨灭的贡献。

复兴号动车组家族

"复兴号"是中国自主研发，具有完全知识产权的新一代高速列车。

随着科技创新发展，如今"复兴号"已经形成了一个"大家族"，既有17辆编组的超长列车，又有可以在零下40摄氏度低温下运行的高寒动车组列车；既有具备自动驾驶功能的"瑞雪迎春"，又有开进青藏高原的"绿巨人"。复兴号动车组家族持续壮大，快来追寻"复兴号"的"上新"足迹，看这张靓丽的国家"名片"如何闪耀世界！

2017年6月

CR400AF

CR400BF
- CR400BF-A
- CR400BF-B
- CR400BF-G

2018年后
- CR400AF-A
- CR400AF-B

2017

中国标准动车组"复兴号"，英文代号为CR，是由中国铁路总公司牵头，中车长春轨道客车股份有限公司和中车青岛四方机车车辆股份有限公司研发制造的具有完全自主知识产权，达到世界先进水平的动车组列车。

2018

CR200J

CR200J型是动力集中型动车组，设计速度为160千米/时，适用于普速电气化铁路，因外表醒目的绿色涂装被人们形象地称为"绿巨人"。2019年1月起，CR200J型复兴号动车组列车正式在全国多条铁路"开跑"，普速铁路上也有了"复兴号"。

2020

CR300AF

CR300BF

CR300型复兴号动车组有CR300AF和CR300BF两种车型。该型动车组列车最高运营速度为250千米/时，它们拥有与众不同的"海空蓝"外观，还具有运行平稳、列车噪声低、震动小，以及安全可靠、运能强大、节能环保等特点，能适应风沙雨雪等恶劣运营环境。两款车型在2020年底在多条高铁上线运营。

2019年12月

CR400BF-C

2019

CR400BF-C型复兴号动车组列车实现在全世界首次运行速度为350千米/时有人值守的自动驾驶，具备车站自动发车、区间自动运行、车站自动运行、车门自动打开等智能行车功能。2019年12月，CR400BF-C型动车组列车在京张高铁首发，标志着中国高铁进入智能化时代。

2021

2021年年初

CR400AF-G

CR400AF-G型复兴号高寒动车组列车，设计速度为350千米/时。列车各部件进行了耐低温设计，可在零下40摄氏度运行环境下轻松驰骋。2021年1月，这款列车在京哈高铁正式投入使用。

2021年年中

CR400BF-Z
- CR400BF-BZ
- CR400BF-GZ
- CR400BF-AZ

速度为350千米/时CR400BF-Z型复兴号智能动车组列车，外形以中华传统文化的"龙凤呈祥"为图腾元素。列车融合云计算、大数据、人工智能、5G等新技术，在智能服务、智能运维等方面实现了全面升级。

CR400AF-Z
- CR400AF-BZ
- CR400AF-C
- CR400AF-AZ

速度为350千米/时的CR400AF-Z型复兴号智能动车组列车，外观采用"瑞龙智行"涂装，采用低阻力流线头型，进一步降低空气阻力。列车内部优化，为旅客提供更加舒适的乘车体验。

复兴号高原内电双源动车组

复兴号高原内电双源动车组列车，最高运营速度为160千米/时，可满足在海拔5100米以下运行的需求。2021年6月首次在拉林铁路运行。列车采用全球首创的双动力牵引模式，可根据运行情况实现电力和内燃动力的切换，也可以同时使用双动力协同牵引。

复兴号知识知多少

每列复兴号动车组列车上都有一串编号,你知道这些编号代表着什么含义吗?

CR　400　A　F - A

- **CR** 是 China Railway 的缩写,代表中国铁路。
- **第一串数字**代表复兴号动车组的速度等级,400 指持续运行速度为 350 千米/时,300 指持续运行速度为 250 千米/时,200 指持续运行速度为 160 千米/时。目前,复兴号已经形成了运行速度从 160 千米/时到 350 千米/时的全系列动车组。
- **字母 A 和 B** 代表着不同的生产厂家。
- **这个字母代表技术类型**,F 代表动力分散电动车组,J 代表动力集中电动车组。
- **最后一位字母**代表不同技术配置。
  - A 代表长编组动车组列车,列车为 16 辆编组动车组列。
  - B 代表超长编组动车组列车,一般为 17 辆编组动车组列。
  - C 代表初代智能动车组列车。
  - Z 代表智能动车组列车,AZ 代表 16 辆编组的长编组智能动车组列车,BZ 代表 17 辆编组的超长编组智能动车组列车。
  - G 代表高寒动车组列车,GZ 代表高寒智能动车组列车。
  - J 代表综合检测列车。
  - S 代表技术提升版列车,BS 代表 17 辆编组的技术提升版动车组列车。

| 动力车 | 拖车 | 拖车 | 拖车 |

动力集中式电动车组将整车动力集中在动车组一端或两端的头车上。

| 动力车 | 拖车 | 动力车 | 拖车 |

动力分散式电动车组将整车动力分散到动车组的若干车辆上。

2022

"瑞雪迎春"智能型复兴号高速动车组

"瑞雪迎春"是奥运版复兴号智能动车组列车,车内车外都体现了浓浓的奥运主题。列车上打造了世界首个高铁 5G 超高清演播室。列车上应用了北斗导航卫星系统等一系列新技术、新装备,可满足冬奥会期间运输服务的需求。2022 年 1 月 6 日,G9981 次复兴号智能动车组列车从清河站驶出,北京冬奥列车首次公开亮相。

新型 CR200J

2022 年 12 月,新型 CR200J 型复兴号动车组列车上线运营,最高运营速度为 160 千米/时。列车涂装由"中国红""中国白""长城灰""国槐绿"4 种主色调构成。与此前的 CR200J 动车组列车不同的是,这款车型采用 9 辆编组,包括 1 辆动力车、1 辆控制车和 7 辆二等座车。

2024

CR400AF-S
CR400AF-BS

CR400BF-S
CR400BF-BS

2024 年 6 月,复兴号智能动车组列车技术提升版投入运营。列车最高运营速度为 350 千米/时,是我国自主研发的具有完全自主知识产权的最新一代智能动车组列车,也是复兴号动车组列车的第二次升级改进版。列车采用轻量化、降噪等技术,进一步优化空间布局,使列车载客能力更强,旅客使用空间更大,让旅客拥有更加舒适的乘车体验。

"慢火车"上的幸福故事

公益性"慢火车"是在经济相对欠发达的农村地区和交通不便的"老少边"地区开行的列车，票价低、停站多，成为铁路沿线人民的重要交通工具。"慢火车"可不光是普通的旅客列车，还有许多其他功能。

铁路连城乡，百姓奔小康——7503/7504次"慢火车"

7503/7504次旅客列车往返于甘肃省天水市与定西市，共停靠14个车站，途经清水县、张家川回族自治县两个国家扶贫工作重点县。

"慢火车"沿途大部分车站是非客运营业站，没有售票点，来往旅客就像乘坐公交车一样，先上车再购票。

卖菜车厢
带着蔬菜瓜果上车的农户可以直接在火车上进行售卖，让车厢直接变身"流动市场"，热闹非凡！

高考车厢
每年高考前，这趟列车就会出现一节"高考车厢"，接送考生前往天水市参加高考。车上为考生们设置了学习专座，让同学们安全、便捷地抵达考场。

"幸福乡村号"——8361/8362次"慢火车"

陕西省的8361/8362次列车往返于汉中站与阳平关站，是穿行在秦巴山区的公益性"慢火车"，停靠勉县、宁强、阳平关等10个小站，最低票价为4元。

铁路工作人员推着小推车，帮助旅客将货物运送上车。

特殊"旅客"
"嘎嘎嘎、叽叽叽"，列车上迎来了一批特殊"旅客"。每天都有不少旅客背着背篓，提着竹筐，拎着编织袋，装满了蔬菜瓜果和各种家禽乘车去赶集。乘着"慢火车"，老百姓的日子越过越红火！

流动诊疗室
"慢火车"化身"流动医院"，邀请医生来到列车上为老乡们提供免费医疗咨询和检查服务，为老乡们提供实实在在的帮助。

奔向小康生活的幸福车——5633/5634 次"慢火车"

5633/5634 次公益性"慢火车"往返于四川省凉山彝族自治州普雄镇与攀枝花市。这趟列车自 1970 年成昆铁路开通时运营至今，连接起 25 个车站和周边乡镇，是彝族老乡们走出大山的"致富车"。

移动图书馆

5633/5634 次"慢火车"上有为旅客们打造的"移动图书馆"，旅客可以在旅途中阅读经典名著、科普读物等书籍。徜徉在知识的海洋，旅程都变得更加有趣。

家禽牲畜行李车厢

除了鸡、鸭、鹅等家禽，猪、羊等牲畜也能坐火车！在这趟"慢火车"上有专门的家禽牲畜行李车厢，为动物们提供了专属空间。工作人员会定期进行消毒，确保各种"旅客"的健康。

"惠民村火车"——5639/5640 次"慢火车"

5639/5640 次列车，往返于贵州省贵阳市与铜仁市，沿途停靠 16 个站点，把沿途上百个苗乡侗寨连在一起。

直播车厢

列车上，"带货列车长"胡贵川与带货达人进行直播带货，让乡村特产通过"慢火车"走入千家万户，帮助山里的老乡们走上致富路。

非遗车厢

5639/5640 次"慢火车"可不仅能运输，它还是"文艺火车"。"慢火车"上开展非遗文化普及活动，展示苗绣、侗绣、银饰、瑶浴等非物质文化遗产，让非遗文化通过"慢火车"越传越广。

从华北平原到西北边陲，从大凉山区到秦巴腹地，从土家苗寨到林海雪原，"慢火车"还是孩子们的"专属校车"，是牧民转场放牧的好帮手，是大雪封山时林区的生命线……

一列列"慢火车"搭载着乡亲们的希望，不断奔向美好生活。

铁路线路述说铁路精神

百年来，一代代铁路人接续奋斗，锻造了以"人民铁路为人民"为核心的铁路精神谱系。如今，铁路精神依然在不断丰富和赓续，指引着铁路人不忘初心，砥砺前行。

青藏铁路精神

世界屋脊上的精神丰碑

面对极端恶劣的自然环境，几代青藏铁路建设者以惊人的毅力和科学的态度在"世界屋脊"上筑就了一条高原"天路"，形成了"挑战极限、勇创一流"的青藏铁路精神。

青藏铁路精神的内涵

在"挑战极限、勇创一流"的青藏铁路精神中，"挑战极限"指挑战青藏高原高寒缺氧、风大干燥、极端恶劣的自然环境；"勇创一流"指通过扎实的工作、科学的管理，把青藏铁路建设、运营成为世界一流高原铁路，实现造福青海、西藏两省区人民的宏伟目标。

青藏铁路首任设计师庄心丹

世界屋脊上挺起"钢铁脊梁"

庄心丹（1915~2004），男，上海奉贤人，青藏铁路首任总体设计师。从1957年至1961年间，他带领勘测小组，一直奔波在青藏高原上。在没有现代化仪器辅助的条件下，庄心丹带领团队仅凭双耳听、双眼看、双脚走，完成了对青藏铁路的勘探。他们在海拔5000米以上的昆仑山、风火山上，忍受着高原反应，饿了啃冻馍，渴了喝冰水，晚上住帐篷，历时7天横穿了近200千米的无人区，闯出了"生命的禁区"。

他用一生的时间诠释了建设者锲而不舍的精神，激励着后人为祖国的建设和发展而努力奋斗。

著名冻土科学家张鲁新

张鲁新，著名冻土科学家，1947年生于山东宁津。1970年毕业于唐山铁道学院（今西南交通大学），后开始长期从事冻土研究工作，是全程参与青藏铁路研究与修建的冻土科学家。

三根火柴的故事

1976年，张鲁新带领队伍前往尺曲河考察，遭遇暴风雪后迷失了方向，最后他们身上仅剩下三根火柴能够用来发出信号。好在当最后一根火柴被点亮时，同伴找到了他们。

拉萨站设计

拉萨站采用传统藏式建筑风格，以建筑布达拉宫为设计蓝本，以红、白、黄三色为主要色调。站房使用太阳能设备进行供暖，所有供暖设备没有污染源。

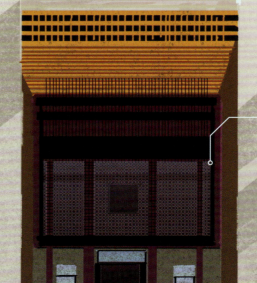

站房屋顶建有架空的穹顶，穹顶上的"拉萨站"金色字由汉字和藏文写成。

站房主体结构呈斜体，坐南朝北，中间设有窄窗。

站房采用具有藏族特色的白色与朱红色相间的彩色混凝土挂板，具有色泽鲜明、久不褪色的特性。

大秦铁路精神

大秦铁路西起煤都大同,东至渤海之滨,穿越燕山山脉,是中国第一条双线电气化开行的重载铁路,大秦铁路人传承着"负重争先、勇于超越"的大秦铁路精神。

扎根大秦,终生报国

1988年12月,跨越189条河流、穿越39座主峰、架起313座桥梁、打通45座隧道的大秦铁路一期工程开通。第一代大秦铁路人立下了"扎根大秦,终生报国"的誓言。

不负重托,勇于超越

1992年12月,大秦铁路全线开通运营,全长653千米,设计年运量1亿吨的大秦铁路承载了它负重前行的历史使命。

大秦铁路精神的内涵

"负重争先、勇于超越"的大秦铁路精神彰显了大秦铁路人爱党、爱国、爱路的家国情怀。大秦铁路人创造了人类铁路运输史上的非凡业绩,走出一条中国特色的重载发展之路。

不断突破

21世纪以来,大秦铁路重载技术不断取得突破,万吨重载列车常态化开行,国产和谐型大功率重载机车等在大秦线投入使用。大秦铁路煤运量不断攀升,成为中国的能源"大动脉"。

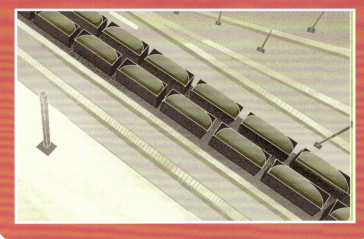

装车时喷洒抑尘剂

绿色环保

绿水青山就是金山银山。大秦铁路在每年两次的"集中修"大机清筛作业分别增加"清水抑尘"和"污土转运"两个环节,体现了绿色、低碳、环保、节能的运营发展理念。

成昆铁路精神

成昆铁路由四川成都至云南昆明，途径四川盆地、横断山脉、云贵高原，于 1970 年 7 月建成通车。成昆铁路被联合国誉为"20 世纪人类征服自然的三大奇迹"之一，可见其工程难度之大、施工之艰巨。

成昆铁路既是西南地区经济社会发展的"大动脉"，又是大山深处人民群众追求美好生活的"幸福线"，更孕育出了"坚守实干、创新争先"的成昆精神。

"坚守实干"指的是成昆铁路建设者坚守奉献、团结务实，以顽强的毅力和坚定的信念，克服重重困难，完成了建设铁路的壮举，用生命创造了奇迹。

"创新争先"指的是一代代成昆铁路人坚持科学创新理念，在大山深处不断探索，在前进道路上勇往直前。

内燃机牵引铁路

成昆铁路是我国第一条全线列车由内燃机车牵引的铁路，代表了当时我国铁路修建的最高水平。

敢教日月换新天

成昆铁路修建于崇山峻岭间，那里深涧密布，被称为"不能筑路的禁区"。开工建设时，30 万筑路大军齐上阵，靠人力，用一个个风枪、一把把铁锹、一辆辆推车进行隧道的开凿。他们逢山开路、遇水架桥，铸造了人类铁路建设史上的奇迹。

"绿巨人"开进大凉山

2022 年，新成昆铁路全线开通运营，复兴号"绿巨人"飞驰而来，让大凉山结束了没有动车组列车的历史，大凉山人民迎来了便捷出行的幸福路。

福生庄精神

福生庄养路工区担负着京包铁路咽喉要道的养护维修任务，创造了 70 余年无事故的优异成绩，形成了"不走样"的福生庄精神。

福生庄养路工区的地理位置

在内蒙古阴山山脉深处，铁路随山而建，福生庄养路工区处于三面环山的风口，夏季酷暑难耐，冬季严寒刺骨，春秋风沙不断，冻害、水害常年发生。

线路复杂

福生庄养路工区成立之初承担京包线 24 千米正线上的 8 组道岔、4 条股道的养护任务。养护线路虽然不长，但却异常复杂，仅曲线就有 30 处，最小曲线半径只有 374 米，瞭望距离不足 100 米，线路 3 天不养护就有晃车现象，工作量是其他干线区段的 3 倍还多。

福生庄精神

20 世纪 80 年代，福生庄经常遭遇大风雪天气。一次，巡道工张义明在巡道中发现断轨，眼看一列货运列车即将通过，他顶着风雪、手举手信号，终于在断轨处前方拦停了列车，避免了一起可能发生的列车颠覆事故。

70 多年来，福生庄养路工区的工人们始终坚持做到"检查不检查一个样，活多活少一个样，好干难干一个样，天气好坏一个样、从始至终一个样"。一代代铁路人热爱祖国、服务人民、奉献社会、爱岗敬业、勤奋学习的优良传统在福生庄养路工区得到了充分体现。

冰心评价福生庄

著名文学家冰心在她的《平绥沿线旅行记》中，对福生庄有这样的记载："过福生庄站以东，山水奇伟，断岸千尺，河水萦回。车道即紧随山回路转处，曲折而前。时有深黑的悬崖，危立河畔，突兀之状，似欲横压车顶。"可见福生庄地区自然环境条件恶劣程度。

巡道中的张义明

第 29 任福生庄线路工区工长郑云典现场传授养路技术

小东精神

一个看似不起眼的四等小站,却孕育出了"一点不差,差一点也不行"的小东精神,成为全国安全生产领域的典范。

小东站

小东站位于辽宁省锦州市黑山县,是高新铁路(高台山站至新立屯站)上的四等站,建于 1937 年,在解放战争和抗美援朝战争期间,小东站职工英勇无畏,以实际行动支援前线,守卫运输安全。20 世纪 50 年代起,车站因"一点不差、差一点也不行"的小东精神闻名全国。小东站已连续 70 余年安全生产,并在不断刷新纪录。

小东站第一代扳道员刘国全

刘国全是小东站第一代扳道员,为了使道岔转换顺利,他将道岔的尖轨和滑床板擦得锃亮。在一次会议上,站长让刘国全讲一讲保安全的体会,他说:"我有啥可说的,就是扳道时一压到底,横竖两个拉刀口对准,保证一点也不能差,差一点也不中呗!"大家都觉得这句话既实在又在理,于是便流传开来。后来,这种严谨认真、精益求精的工作态度,逐渐凝聚并升华为了小东精神。

小东精神来源于第一代小东站人朴实的劳动实践,成型于代代小东站人立足岗位、传承发展的深刻总结,逐渐成为历代小东站人恪守的行为准则、职业追求。

小东人自创了一首打油诗:

一等人聪明人儿,百题百条没问题儿;
二等人一般人儿,发挥正常没问题儿;
三等人糊涂人儿,离开书本忘了词儿;
四等人不识字儿,你们背规我造字儿。
言语质朴,却是小东人不断挑战自我、超越自我,努力做到背诵规章一句不差、一字不差的写照。

精神传承

车站有一句特别经典的话:"进了小东门学做小东人。"每一个新到小东站的职工,到车站的第一件事,就是由站长领到车站的荣誉室,讲小东故事,小东精神,上好"一点不差,差一点也不行"优良传统的第一课。

1995 年,小东站党支部获得全国铁路"十面红旗"党支部称号

每次施工作业都要认真核对施工登记、销记及调度命令

第四章 坐着火车看世界

走向世界的中国铁路

如今的中国已经建成了世界上最大的铁路网络。不仅如此，中国铁路还走出国门、走向世界，一系列具有标志性的铁路项目在境外建设并投入使用，促进当地社会发展的同时，也深化了各国人民的友好情谊。

中欧班列

你知道吗？
在国际物流领域中有一个具有世界影响力的中国品牌，它就是中欧班列！

中欧班列是按照固定车次、线路、班期和全程运行时刻开行，来往于中国与欧洲以及"一带一路"沿线共建国家间的集装箱等铁路国际联运列车。

了解中欧班列标识
中欧班列集装箱的箱体上标有中欧班列的品牌标识，上面还写有"中欧班列"四个字及其英文。

小贴士
如今的世界早已紧密相连，交通运输的快速发展为我们提供了便利条件，即使足不出户，我们也可以享受来自世界各国的产品。

中欧班列（成都-费利克斯托）首发

中欧班列主要有西、中、东三条运输大通道

西通道之一从新疆阿拉山口口岸或霍尔果斯口岸出发，经哈萨克斯坦、俄罗斯等国，通达欧洲其他国。

中通道从内蒙古二连浩特口岸出发，经蒙古、俄罗斯等国，通达欧洲其他国。

东通道从内蒙古满洲里或黑龙江绥芬河口岸出发，经俄罗斯等国，通达欧洲其他国。

中欧铁路通道规划图（2016～2020）

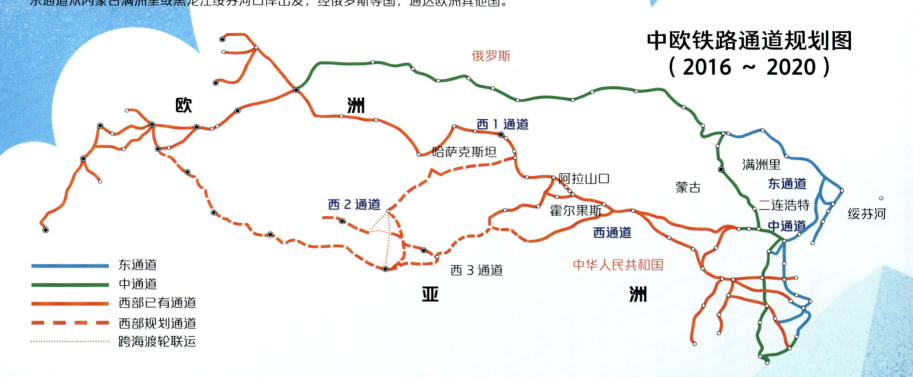

五大口岸

阿拉山口

霍尔果斯

二连浩特

满洲里

绥芬河

货物运输品类繁多

中欧班列运输的货物已经从最初的笔记本电脑等IT产品类货物逐步扩展到汽车、酒类、木材、家具、肉类、日用百货等几万种货物。

日渐繁荣，共同发展

中欧班列有效促进了我国内陆地区经济的转型升级，带动了口岸经济繁荣，实现了中国与中欧班列沿线国家的共同发展。

中老铁路

中老铁路是"一带一路",以及象征中国与老挝两国友谊的标志性工程,于2021年12月开通运营。中老铁路北起云南省省会昆明市,南至老挝首都万象市,全长1035千米。

昆明

中老铁路穿越了众多山脉和水系,沿线地质结构复杂,修建难度巨大。设计与建设人员付出了巨大的努力,成功攻克了种种难题!

磨丁站

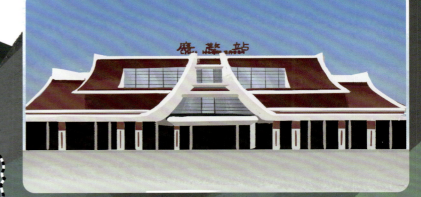

位于中老边境口岸的磨憨站,以"泛亚新口岸、山水映磨憨"为设计理念,是中老铁路列车进出我国的第一站,也是中老铁路货运和客运大型编组站。

万象

友谊隧道

"友谊隧道"是连接中国和老挝两国的跨境隧道,为体现中老两国传统友谊而得名。隧道上方绘有蓝天白云,两侧绘有中老两国国旗。绚丽的彩色灯光照亮整座隧道,让人仿佛置身于彩虹之中。

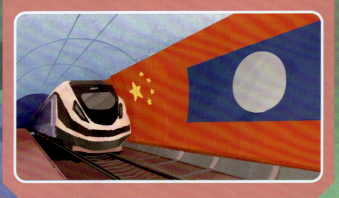

"澜沧号"

在中老铁路老挝段上运营的是"澜沧号"动车组列车。"澜沧号"动车组列车的最高运营速度为160千米/时。
"澜沧号"的命名源于老挝的古称澜沧王国和流经中老两国的澜沧江(出中国国境后被称为湄公河),寓意着中老两国是好邻居、好朋友、好伙伴。

雅万高速铁路

雅万高速铁路是东南亚第一条高速铁路，也是中国高速铁路走出国门、走向世界的第一单，于 2023 年 10 月开通运营。

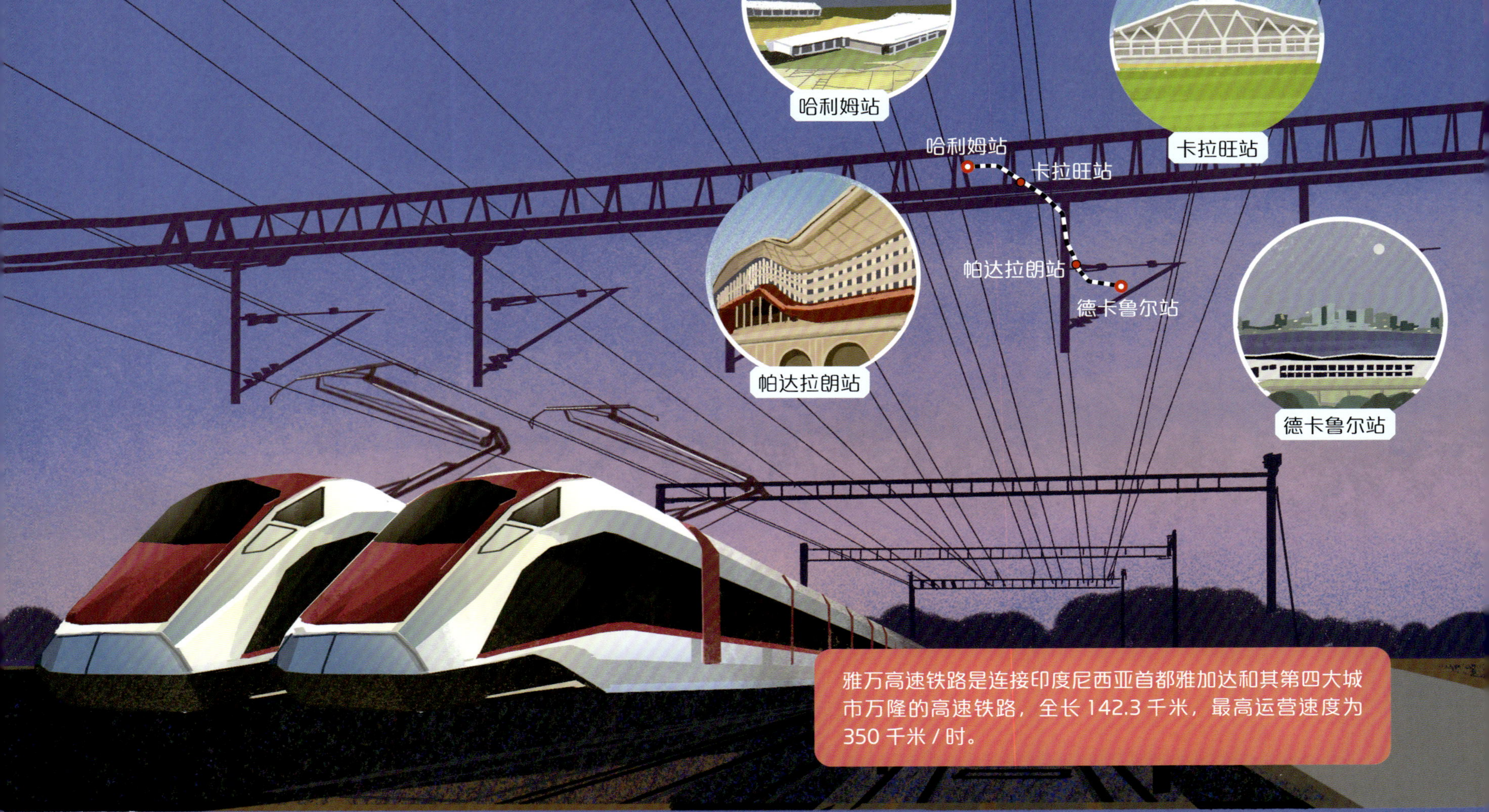

哈利姆站
卡拉旺站
哈利姆站
卡拉旺站
帕达拉朗站
德卡鲁尔站
帕达拉朗站
德卡鲁尔站

雅万高速铁路是连接印度尼西亚首都雅加达和其第四大城市万隆的高速铁路，全长 142.3 千米，最高运营速度为 350 千米 / 时。

采用中国标准设计制造

在雅万高速铁路上运营的列车是中国专门为其打造的动车组列车，它的外观及构造与中国的复兴号动车组列车相似，但又别具印尼本土特色，可以说是复兴号的“孪生兄弟”。雅万高铁动车组采用再生制动技术，使列车运行更加低碳节能，是绿色交通的充分体现。

流线型的车头设计

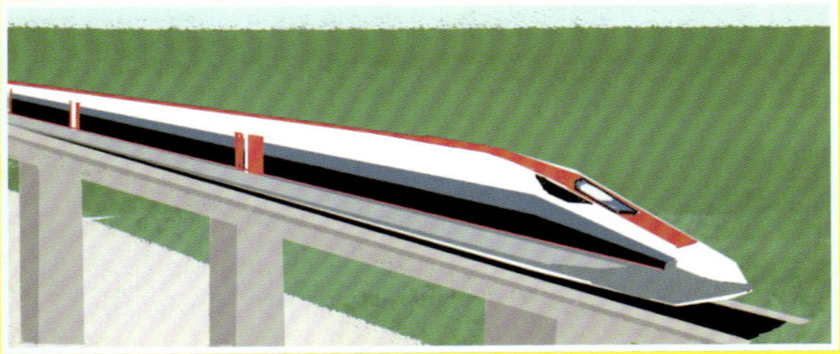

雅万高铁动车组采用流线型的车头设计，使列车运行时阻力更低；车身采用平顺化设计，同样可以帮助列车克服阻力，实现更快的运行速度。

为什么高速列车的车头都像“子弹头”？

高速列车采用“子弹头”式的设计可不仅是出于美观的考虑，流线型的造型有助于优化列车空气动力学性能，减少空气阻力、压力波、噪声等因素对列车运行的影响，使列车的运行速度得到有效提升。

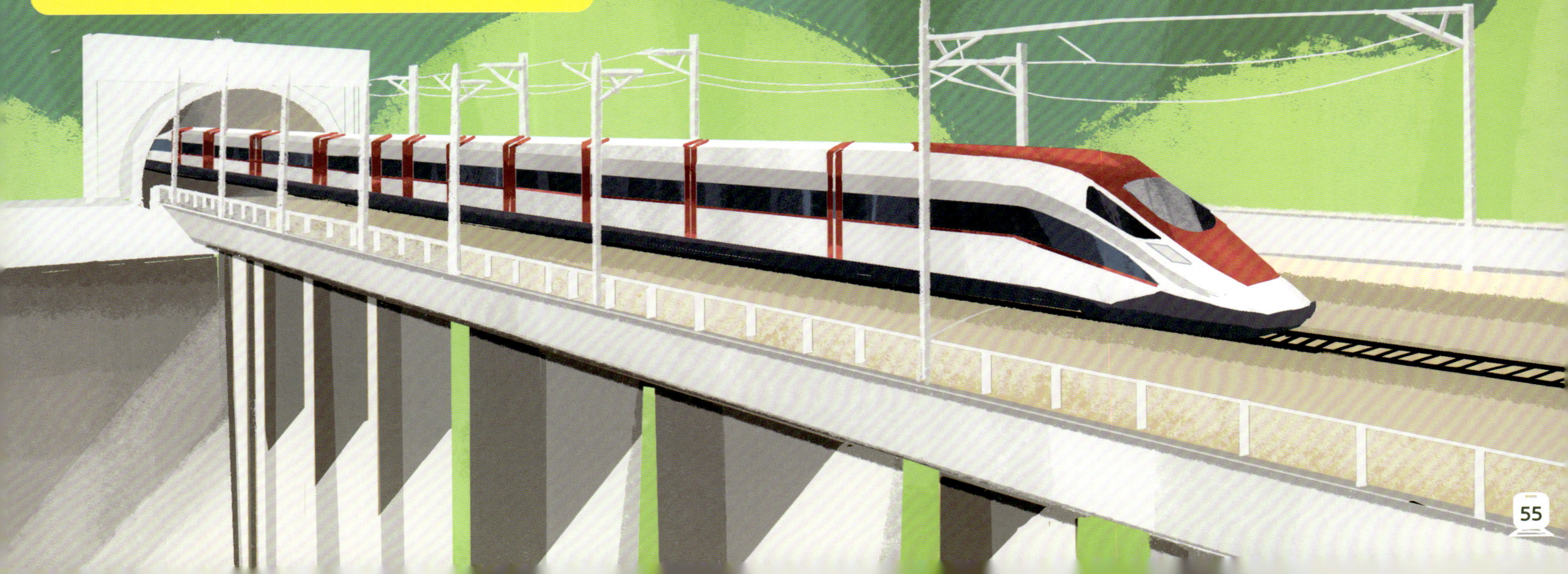

亚吉铁路

亚吉铁路横跨非洲两国，西起埃塞俄比亚首都亚的斯亚贝巴，东至吉布提首都吉布提，是非洲首条跨国电气化铁路，全长 752.7 千米。

亚吉铁路上开通了城际列车、国际列车、夕发朝至列车和便民列车等多种类型的运输服务，极大地方便了两国人民的生活。

亚吉铁路全线共设置 45 个车站，设计速度为 120 千米 / 时。从亚的斯亚贝巴出发仅需数小时就可以抵达吉布提港，真是又快又方便！

"陆锁国"变"陆联国"

亚吉铁路开通运营后，货物运输时间从之前的几天缩短到了仅需十几个小时，极大地便利了两国的经贸往来。亚吉铁路的开通使得埃塞俄比亚从"陆锁国"变成了"陆联国"。

小贴士

陆锁国

陆锁国指没有海岸线的国家，亦指被周围邻国陆地领土所包围的国家，又称内陆国。陆锁国与临海国、岛国相比，地理条件比较闭塞，交通与对外联系多有不便，社会经济发展上有许多困难和特殊之处。

"授人以渔"

在亚吉铁路的修建及运营过程中，中国为非洲伙伴传授了大量的铁路技术知识，帮助两国数以万计的民众获得了就业机会，还培养了数千名铁路专业技术人员，正所谓"授人以鱼不如授人以渔"。

匈塞铁路

匈塞铁路是一条连接匈牙利与塞尔维亚的铁路,是中国与中东欧国家共建"一带一路"的重点项目,是中国高速铁路进入欧洲的第一单。

布达佩斯
匈牙利
贝尔格莱德
塞尔维亚

匈塞铁路北起匈牙利首都布达佩斯,南至塞尔维亚首都贝尔格莱德,全长341.7千米。

"通往幸福之路"

2022年3月,塞尔维亚境内贝尔格莱德至诺维萨德段开通运营,两座城市之间的旅途仅需30分钟。随着这段铁路的开通,塞尔维亚人民实现了"高铁梦"!

匈塞铁路对于改善沿线居民出行条件、促进经济社会发展、扩大经贸合作交流、促进中国与中东欧国家深化合作、服务高质量共建"一带一路"具有十分重要的意义。

动车组列车内部设置了自行车存放区,便于欧洲朋友将自行车携带上车,为出行提供便利。

匈塞铁路高速动车组

中国为匈塞铁路量身打造了高速动车组。该动车组列车最高运营速度为200千米/时,车身采用流线型外观和红、蓝、白三色涂装。这三种颜色来源于塞尔维亚国旗的颜色。车身设计具有速度感和视觉冲击力。

联通世界的中国口岸

你知道吗？当你想出国旅游时，有一个必须经过的"地点"，只有经过它，才能顺利地完成出境。这个"地点"就是边境口岸。那么，边境口岸究竟是什么呢？

口岸是边境上设有过境关卡或开展贸易的地点，是人员、货物和交通工具的合法国境入口，在边境进行检查检验和提供服务的交通枢纽。边境口岸通常具有优越的地理位置和方便的交通运输条件，是国家或地区对外交通运输系统的重要组成部分。边境口岸不仅是对外交流的窗口，更是国际往来的门户，是一个国家主权的象征。口岸具有十分重要的地位和意义。接下来我们就来一起认识我国具有代表性的五个边境口岸吧！

满洲里口岸

满洲里位于内蒙古呼伦贝尔大草原西部，地处中、俄、蒙三国交界处，素有"东亚之窗"的美誉。

满洲里：中欧班列助力向北开放加速

满洲里口岸是集公路、铁路、航空运输于一体的国际口岸。满洲里口岸承担着中俄贸易往来65%以上的陆路运输任务，是我国最大的陆路口岸。

著名的中欧班列可是往来于满洲里口岸的常客！经由满洲里口岸通行的中欧班列约占全国口岸通行总量的30%！列车驶出满洲里铁路口岸时会经过一个大大的"门"型建筑，我们把它亲切地称为"国门"。

绥芬河口岸

绥芬河位于黑龙江省东南部，地处中俄两国交界地带，与俄罗斯远东滨海边疆区接壤。绥芬河地理位置优越，口岸优势独特。绥芬河口岸在"一带一路"建设中起到了重要作用，边境贸易十分红火，可以运输电器产品、日用百货、工业机械、农副产品等诸多品类。

绥芬河市真的有河吗？

绥芬河市虽然以河命名，但是并没有河流从城市里穿过。其实，最初在计划修建中东铁路时，原本打算在绥芬河岸边设立一座火车站，但是在实际修建中，由于河谷地质复杂，修建难度大，因而车站只能向北挪动了50千米，后来围绕火车站不断发展，便有了现在的绥芬河市。所以说，绥芬河市可是一座因铁路而建的城市。

阿拉山口口岸

阿拉山口市位于新疆维吾尔自治区博尔塔拉蒙古自治州东北角，与哈萨克斯坦毗邻。阿拉山口市位于阿拉套山和巴尔鲁克山之间，气候极端干旱，被称作"风都"。虽然阿拉山口市风大又干旱，却丝毫不影响其地理位置的重要性和国际交流能力。

除了我们熟知的铁路、公路、航空运输功能外，阿拉山口口岸还可以进行原油管道运输。
从阿拉山口口岸出入境的中欧班列运行线路多达百余条，可以通达二十多个国家，搭载的货物品类约200种。

国际贸易大通道

阿拉山口口岸距离哈萨克斯坦多斯特克口岸仅有12千米。它是我国距离欧洲最近的口岸，更是丝绸之路经济带上运输距离最短、用时最少、运费最低的国际贸易大通道。

霍尔果斯口岸

霍尔果斯口岸位于新疆维吾尔自治区西部伊犁哈萨克自治州霍尔果斯市，与哈萨克斯坦隔霍尔果斯河相望。

丝绸之路的重要驿站

霍尔果斯在蒙古语里意思是"驼队经过的地方"，在哈萨克语里意思是"积累财富的地方"。从它的名字便可以看出霍尔果斯在商贸往来中的重要地位。的确，自古以来霍尔果斯便是古丝绸之路上的重要驿站。如今的霍尔果斯依然发挥着重要的交通枢纽作用，是"一带一路"陆路通道上的重要节点。

磨憨口岸

磨憨位于云南省最南端，是中老铁路、昆曼公路（昆曼大通道）的重要节点。磨憨铁路口岸是中国通往老挝最大的国家级铁路口岸，也是我国与东南亚国家之间最便捷的陆路通道之一。

小贴士

昆曼公路全长1800余千米，起于中国云南省昆明，止于泰国曼谷，是中国陆路连接东南亚国家的一条重要交通大动脉、亚洲公路网的重要组成部分。

随着中老铁路的开通运营，每天都有大量的货物通过磨憨口岸。来自中国的蔬菜、鲜花、电子产品等货物"坐上"中老铁路的列车抵达老挝以及其他东南亚国家。来自泰国的山竹、榴莲，老挝的香蕉等大量的东南亚水果也借助冷链运输，通过磨憨口岸进入中国，并得以在短时间内成为人们桌上的美食。

坐着列车去旅行

了不起的中国铁路正在加快走向世界的步伐。如今，即使身处异国他乡，我们也有机会搭乘与中国紧密相关的列车饱览异域风情，这真是一种别样的享受！快来一起坐上"中国列车"看世界吧！

我们快点儿一起坐着列车出发吧！

中老铁路

昆明

我们现在的位置是云南省昆明市，从这里我们可以搭乘中老铁路的列车驶向老挝！快来看看沿途有哪些好风光！

小贴士

你知道吗？其实红塔以前是白色的，后来因被染成了红色而被称作"红塔"，其所在山峰因而得名红塔山。

玉溪

从昆明站出发仅需约 0.5 个小时就可以抵达玉溪站。玉溪市因溪水清澈如碧玉而得名。在玉溪市可以看到标志性建筑——红塔。

红塔

琅勃拉邦

琅勃拉邦是老挝著名的古都和佛教中心，是世界自然与文化双遗产城市，在这里我们可以看到众多的寺庙，感受城市的历史底蕴。

万象

中老铁路的终点是老挝的首都——万象！万象坐落在湄公河北岸，隔河与泰国相望。在万象可以看到当地的标志性建筑——凯旋门。

凯旋门

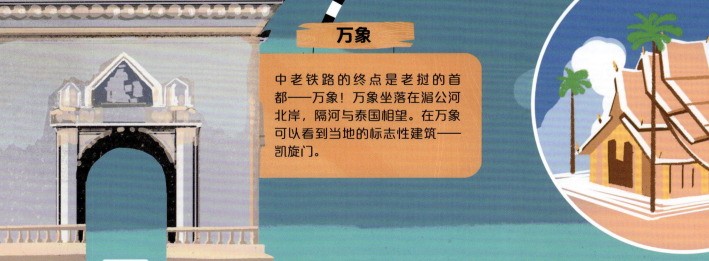

雅万高速铁路

来到了印度尼西亚,接下来我们将一同搭乘雅万高速铁路高速动车组列车,快来看看这一路都能看到哪些景色吧!

坐上雅万高速铁路高速动车组列车,在许多细节上都能看到浓浓的印度尼西亚文化元素。
比如在列车的座椅和火车票上都可以看见一种祥云图案。这种祥云图案来自印度尼西亚著名的非物质文化遗产——巴迪克。

一种以蜡染方式制成的花布或以这种花布制成的服饰,在印尼被称为巴迪克(Batik)。Batik一词来源于两个爪哇语词,分别是"Amba"(描绘)和"Titik"(点),代表着一点点描绘图案的意思。

哈利姆站
我们现在所在的位置是印度尼西亚首都雅加达,也是雅万高速铁路的起点。雅加达是著名的历史文化名城,在这里可以看到印尼国家纪念塔、莫迪卡广场等标志性建筑。

卡拉旺站
卡拉旺产业新城是冉冉升起的新秀。卡拉旺站站房的设计展现了当地从传统农业粮仓向工业新城的转变。

帕达拉朗站
帕达拉朗站是雅万高速铁路全线唯一一座与既有普速铁路互联互通的车站,可实现高速铁路列车和普速铁路列车顺畅换乘。

覆舟火山

印度尼西亚被誉为"火山之国",是世界上拥有火山最多的国家。
在万隆以北,有印度尼西亚的著名景区——覆舟火山。我们可以来到火山口的边缘亲眼目睹火山奇景。

德卡鲁尔站
高速铁路列车简直太快了!没多久我们就抵达了本次旅程的终点——万隆的德卡鲁尔站。

来到万隆,还可以参观著名的亚非会议纪念博物馆。这座乳白色的三层建筑见证了一次十分重要的国际会议——万隆会议。

匈塞铁路

在本次世界之旅的最后一程，我们来到了美丽的欧洲。快来一起探索塞尔维亚和匈牙利的美景吧！

贝尔格莱德

贝尔格莱德是塞尔维亚的首都，坐落于多瑙河与萨瓦河的交汇处。美好的旅途将从这里开始。

圣萨瓦教堂是巴尔干半岛最大的东正教会教堂。在教堂西方，一座巨大的青铜人物塑像屹立，他双手侧举，一手持圣经，一手紧握十字架。这就是圣萨瓦·奈马尼亚的塑像，教堂因其而得名。

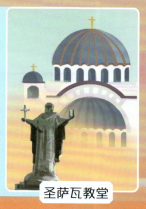
圣萨瓦教堂

塞尔维亚国家博物馆位于塞尔维亚首都贝尔格莱德的共和国广场上，馆内陈列着众多珍贵的艺术作品，在这里可以看到毕加索、凡·高、高更等世界著名画家的作品。

塞尔维亚国家博物馆

诺维萨德

诺维萨德是塞尔维亚的第二大城市，在这里可以感受历史文化与年轻活力交织的魅力。

每年在诺维萨德都会举办著名的"出口"音乐节（EXIT Festival），喜爱音乐的人们相聚于此，共享音乐盛宴。

"出口"音乐节

布达佩斯

本次旅程的终点是匈牙利首都布达佩斯。布达佩斯位于多瑙河沿岸，被誉为"多瑙河明珠"，沿岸的风光美不胜收。

右图中这美丽又造型独特的建筑是渔人堡，这里曾经是一个鱼市，后来渔民们修建了防御建筑，于是有了渔人堡。在这里可以俯瞰布达佩斯的美丽风光。

渔人堡

在多瑙河畔有一幢雄伟恢宏的建筑——匈牙利国会大厦。大厦内部随处可见匈牙利历史名人肖像以及描绘匈牙利重要历史事件的壁画。想要了解匈牙利的历史文化，这里是必访之处！

匈牙利国会大厦

塞切尼链桥

来到布达佩斯，一定要到链桥打卡！布达佩斯是被多瑙河分隔开来的城市，因此河上修建了许多桥梁。我们到访的是塞切尼链桥，它是布达佩斯横跨多瑙河的标志性桥梁，也是最古老最壮美的。

难忘的旅程到这里就结束了，是不是有些意犹未尽呢？让我们一起期待中国铁路更多地"走出去"，我们再一起坐着火车看世界。

京张铁路青龙桥车站

京张铁路关沟段"之"字形线路

宝成铁路实现全线电气化

我国自行设计、建造的第一座双层式铁路、公路两用桥——钱塘江大桥施工现场

宝成铁路以马蹄形、螺旋形展线迂回上升进入秦岭山区,最大坡度达30‰

1952年,四方铁路工厂制造出新中国第一台国产蒸汽机车

1978年铁道兵建设青藏铁路一期工程

1959年,北京站落成典礼

图书在版编目(CIP)数据

了不起的中国铁路 / 中国铁道博物馆著;三目幸绘.
北京:机械工业出版社,2025.5. -- ISBN 978-7-111
-77994-0
Ⅰ. U2-49
中国国家版本馆CIP数据核字第2025JT1737号

机械工业出版社(北京市百万庄大街22号 邮政编码100037)
策划编辑:饶 薇 穆宇星　责任编辑:饶 薇 于翠翠
责任校对:樊钟英 张 征　产品设计:穆宇星
责任印制:常天培
北京宝隆世纪印刷有限公司印刷
2025年5月第1版·第1次印刷
256mm×374mm·8印张·2插页·49千字
标准书号:ISBN 978-7-111-77994-0
定价:158.00元

电话服务　　　　　　　网络服务
客服电话:010-88361066　机 工 官 网:www.cmpbook.com
　　　　　010-88379833　机 工 官 博:weibo.com/cmp1952
　　　　　010-68326294　金 书 网:www.golden-book.com
封底无防伪标均为盗版　机工教育服务网:www.cmpedu.com

修建襄渝铁路时排除危石

修建成昆铁路